新版「野球医学」の教科書

The Baseball Medicine

その指導法で本当にいいですか？
肩肘腰の野球障害から子どもを守る

馬見塚尚孝・著

ベースボール・マガジン社

はじめに

「野球医学」の教科書を出版させていただいたのは2012年12月です。それから6年が過ぎ、「野球医学」の考え方も大きく変わりました。最も変わったのは「コーチング学」を取り入れたことです。それまでは、野球経験や野球現場の視察をもとに、野球障害の予防法を考えてきました。

しかし、コーチング学が発展し、「根拠のある方法でコーチングすること」が可能になってきたのです。このコーチング学と野球医学を融合させることで、新しい「野球医学」に発展させることができました。

この新しい野球医学の特徴は、「選手自身が基盤となる野球医学を学び、自己決定で練習法を決め、実践し、反省することができるようになった」こ

とです。このような「自己決定」ができることは、やる気「内発的動機づけ」を高める唯一の方法です。

　もうひとつの変化は、「身長を大きくするという考え方」を取り入れたことです。これまでの野球医学では、身長を伸ばすことを考慮しない方法を提案してきました。しかしながら、プロ野球選手の平均身長が182㎝と高いことを示すように、高身長は高い野球のパフォーマンスを出すために重要な要素です。そこで、身長を伸ばすことも考慮に入れた育成法を考えていくことをご紹介しました。

　このような内容を追加し、さらに本文も改訂した本書が、ケガなく上達するために、皆様のお役に立てれば幸いです。

CONTENTS

002　はじめに

序章
知っておきたいコーチング

008　野球を通じて人を育てる
010　自己決定理論と内発的動機付け
011　ティーチング・コーチング・パートナーシップ
012　アンガーマネジメント
013　レジリエンス
015　野球と道徳

第1章
「野球医学」基礎講座

018　おとなとジュニアのからだは違う
020　おとなとジュニアのからだは構造が違う
021　骨と神経と筋肉の成長度合いがアンバランス
022　成長フェーズと骨の成長度合いの関係
024　おとなとジュニアの野球は違う
026　おとなの投げ方って何？
028　ジュニア向きの投げ方を考えよう
030　野球障害って何？
032　野球肘って何？
036　野球肩って何？
037　野球腰って何？
038　野球障害の予防を考える
040　一次予防と二次予防の考え
041　チームでできる一次予防＝全力投球禁止
042　チームでできる二次予防＝声かけと雰囲気
043　チームでできる二次予防＝セルフチェック
044　すぐできるジュニアの投げ方指導
046　投球強度の調整
047　キャッチャーのセカンド送球注意
048　「からまわり投球」をひかえよう！
049　長期選手育成

第2章
野球障害克服ガイド

052　ケガから自分を守るために

〈野球肘編〉

055　セルフチェック
060　痛みを感じたときの対処法
062　早期に病院へ／
　　　早く治療開始すると早く治りやすい
064　病院選びのポイント
066　アイシングの効果は…
068　痛みの感覚が鈍る／
　　　発見が遅れる可能性が高まる
070　実施 or 非実施によるデータ／
　　　試合と試合の間も NG
072　野球肘タイプ別対処法
074　内側の痛みの対処法
075　外側の痛みの対処法
076　後方の痛みの対処法
077　ストレッチをしよう
078　内側障害の初発・再発の違い
080　初発は骨折＋靭帯損傷
081　少ない回数でも肘は壊れる
082　再発は靭帯損傷がメイン
083　おとなの肘靭帯損傷は
　　　ジュニア期の障害が原因の一つ
084　肘に負担がかかる投げ方
086　肘関節にかかるストレス
088　ストレートは肘によくない
089　ジュニア野球で変化球を禁止する理由

〈野球肩編〉
- 092 セルフチェック
- 094 野球肩の障害
- 096 上腕骨近位骨端線離開とは？
- 097 インターナルインピンジメントとは？
- 098 肩甲胸郭関節の柔軟性が大事

〈野球腰編〉
- 101 セルフチェック
- 104 野球腰を予防しよう
- 106 野球選手に多い野球腰
- 107 素振りをする意味とは？
- 108 素振り練習の弊害
- 110 腰は回らない
- 111 クローズドステップに注意する

第3章
高身長選手の育成

- 114 成長余地を残した育成
- 116 身長を評価してみよう
- 117 成長曲線と予測身長のグラフの見方
- 118 成長速度曲線の見方
- 120 栄養評価
- 122 相対的エネルギー不足
- 123 亜鉛欠乏症
- 124 睡眠と運動
- 126 睡眠の質を上げる方法
- 128 適度な運動

第4章
知っておきたい技術と知識

- 130 長期選手育成を目指した技術と知識
- 132 パフォーマンスを構造化する
- 135 技術力の階層構造
- 136 技術力を向上させるための5つのステップ
- 137 「動感」を「促発」させるとは？
- 138 逆フェーズ／4ステップにわける
- 140 ステップ1
- 148 ステップ2
- 153 ステップ3
- 158 ステップ4
- 162 ボールを持って投げ始める
- 164 野球用語を覚えよう
- 166 選手も指導者も知っておきたいスポーツ医学
- 168 投球障害リスクのペンタゴン
- 170 体温と末梢神経の関係
- 171 キーピングウォーム／寒いときほどからだを温める
- 172 冬場にお勧めのピッチング練習
- 173 試合中も体温を保つ
- 174 一次救命処置
- 176 熱中症対策
- 178 トレーニングの知識
- 180 トレーニングの7の法則
- 182 体幹トレーニング
- 183 知っておきたい障害
- 184 ヘッドスライディングによる障害
- 185 頭部外傷
- 186 心臓震盪
- 188 野球うつの診断と治療
- 189 ノロウイルス腸炎

- 190 おわりに

装丁・本文デザイン／黄川田洋志、井上菜奈美、石黒悠紀〈ライトハウス〉
編集／佐久間一彦〈ライトハウス〉
撮影（カバー・本文）／桜井斎、BBM

The baseball medicine

知っておきたいコーチング

序章

野球を通じて人を育てる

序章 知っておきたいコーチング

多くの野球の現場では、「よき人材を育てる」ということを目標にしています。これは、世界のスポーツに比べて日本のスポーツでとくに優れているところだと思います。例えば、「お借りしたグラウンドは使う前よりきれいにする」や「目を見てあいさつする」など、よき人材育成に貢献してきました。

一方、社会は大きく変革し、求められる人材も変わってきました。例えば社会では大きな声で上司が部下を叱責することは、たとえ部下が間違っていたことをしても「パワハラ」として上司が処分されます。「そんな甘いやり方では勝てないし、企業でも収益が上がらない」との意見もあります。しかし、病院にはハラスメントを受けたと考えられる患者さんが、「抑うつ」という状態でたくさん受診されます。そのような患者さんと出会う度に、「ハラスメント」はやめなければならないと感じています。

また、社会ではさまざまな考えを許容し（ダイバーシティ）、受容して人材を活かすことが求められてきました（インクルージョン）。「俺の言うとおりにしろ」という指導は、社会では受け入れられなくなっています。選手が考え方を理解し、実行できるようにサポートすることが、指導者に求められているのです。

次のページから →

自己決定理論と内発的動機付け

野球を通じて人材育成をするときに、知っておきたい知識があります。

自己決定理論と動機付け

選手のモチベーションが高いことは、パフォーマンス向上のためにも、障害予防・安全対策のためにも、よき人材育成のためにも大切なことです。このモチベーションを高く保つ方法として唯一効果がはっきりしていることは、選手に「自己決定」してもらうことです。どんな練習をするか、どんな選手を理想とした運動モデルとするか、どのくらい練習をするか、勉強との両立をどうするかなど、これまで指導者や保護者が決めてきたことがたくさんあります。しかし、選手が「自己決定」することによって、「内発的動機付け」が高まることが研究によって証明されています。つまり、コーチングをしていて最も難しい「やる気」を出すことができるのです。

しかし、皆さんが危惧される通り、選手たちは指導者の期待通りには自己決定してくれないと思います。そこで、最近は次に示す「ティーチング・コーチング・パートナーシップ」というコーチング法が用いられるようになりました。

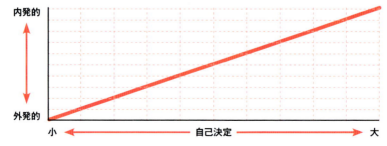

内発的動機付け

ティーチング・コーチング・パートナーシップ

　自己決定を促し、なるべく指導者の理想とする選手育成をするためには、基盤となる知識を選手に伝え（ティーチング）、その知識を参考に個々の選手がどのように考えているか質問や傾聴し（コーチング）、選手がそれぞれの判断で練習をする。それを見守るとともに質問があれば受け入れる態度（パートナーシップ）を用いると効果的です。

　指導者：打撃技術の習得の第一歩はうまい選手の真似をすることだけど（ティーチング）、だれの真似をする？（コーチングの質問）。選手：じゃあ柳田選手の真似をする。指導者：ちょっとやってごらん。あ！うまいね〜！よく似てる（コーチングの承認）。でももう少しバットのヘッドを下から上に打ち上げてないかな？（動画を見せるティーチング）。選手：あ！ほんとだ！自分と少し違うね。もう少し練習してみるね！指導者：じゃあまたあとでうまくなったかどうか見せてね！（パートナーシップ）。

　こんな指導者であればモチベーションも高まりますね！

指導者から選手に情報が伝わるのがティーチング
指導者が選手から考えを導き出すのがコーチング
選手からのアクションを待ってあげるのがパートナーシップ

アンガーマネジメント

　しかし、なかなか選手が思い通りにならないときは、怒鳴りそうになることもあるでしょう。そんなときに、ハラスメントなく選手の成長をサポートする方法として、「アンガーマネジメント」という「怒りのコントロール法」が提案されています。これは、怒りが出たときに「6秒」我慢すると怒りが収まるという方法です。確かに、感情的になっているときは、選手に対してよき指導ができないものです。6秒怒りを我慢して、冷静になってから選手と向き合うことが必要でしょう。

　また、私たちを怒らせているものの正体は、"べき"という言葉なのです。
「○○するべき」、「○○するべきではない」の"べき"は、自分の願望、希望、欲求を表わし、私たちが怒る原因にもなっている言葉なのです。この"べき"は人によって違いがあるものと認識して、選手の"べき"と指導者の"べき"の違いを"見える化"し、選手に学んでほしい"べき"ならば、怒りが収まった時点で選手個別に説明するとよいでしょう。

レジリエンス

　昭和の時代の日本野球は、平成の時代の社会変化で否定されることが多くなってきましたね。例えば、怒鳴り散らすことや暴力をふるって指導することは、「ハラスメント」と認識されて指導者から外される時代になりました。「体育会系」という振る舞いが、社会で許容されなくなったのもその一例です。

　一方、昭和の日本野球には、よいこともたくさんあります。そのひとつに「レジリエンスを育成してきた」ことが挙げられます。レジリエンスとは、「社会的ディスアドバンテージや、己に不利な状況において、そういった状況に自身のライフタスクを適応させる個人の能力」と説明されていますが、簡単に言うと「困難な状況から立ち上がる能力」です。

　練習でエラーをしたときに、「お前なんかいらない。帰れ」などという指導がありました。このような指導法は、今の社会ではよくないコーチング法ですが、選手はこのような困難な状況を経験して、乗り切るトレーニングにもなっていたのです。

　最近、このレジリエンス能力が低い若者が増えてきたことが問題になっていますが、これは単純に「ハラスメントをやめてしまう」だけでは、レジリエンス能力の高い若者を育てられないことを意味します。つまり、これまでのパワハラ以外の方法で、レジリエンス能力を高めてあげることが大切なのです。

　レジリエンス能力を高める方法としては、まずは、「感情をコントロールする」能力を高めることが大切だと言われています。例えば、私も経験がありますが、サヨナラエラーをしてしまった選手は自分への劣等感と他の選手への申し訳ない気持ちでどん底に落ちたような気持ちになります。また、チャンスでホームランを打ったときは、勘違いしてしまうほど興奮してしまいますね。この

レジリエンス

ようなときに指導者のみなさんは、短時間の劣等感や興奮した行動を観察しつつも、「一喜一憂しないで感情をコントロールしようね」と声掛けしてあげることが大切です。

また、ほかにも単純にスポーツに参加することはレジリエンスを高めるために有効ですし、落ち込んでいる選手に対しは選手のよいところを探してあげて「自己効力感＝やれるという気持ち」を持てるように促すこともよいとされています。また

は、過去の逆境体験を思い出してもらって、「あのとき頑張ったのだからまた頑張れるよ！」と選手のやり遂げた経験を思い出してもらうということもレジリエンスを乗り越える体験になるでしょう。

このように、スポーツに参加することはよき人材育成に大きな効果があります。パワハラによらなくてもレジリエンスを高めることは可能です。みなさん試してみてください。

野球と道徳

子どものころ、「道徳」という授業の時間に、道徳に関するNHKの番組を観ていたことを思い出します。「♪なかま、なかま、な〜か〜ま〜」印象に残るオープニング曲でした。そんなふうに昔から学校教育で行われていた道徳ですが、文部科学省は、小学校では2018年度、中学校では2019年度から「道徳の時間」を「特別の教科道徳」に変更し、より力を入れていくとしています。

道徳教育の目指すところは、「美しいものや自然に感動する感性、基本的な倫理観、正義感や社会貢献の精神、自立心、自己抑制力、寛容などの豊かな道徳的価値を備えた人間性をさす。」とされていますが、これは現代の社会で"おとな"に求められるようになったことが多く含まれています。例えば、社会で認められるよき行動をする「Integrity（高潔性）」、社会ではさまざまな考え方を許容する「diversity（多様性許容）」、受容して人材を活かすこと(Inclusion（インクルージョン）」、怒りをコントロールする自己抑制力「Anger managament（怒りの制御)」、よき人間関係を構築する「Coaching（コーチング）」などは、まさに道徳的な内容ですね。このように、道徳教育の目指すことは、おとなの世界でも求められるようになった事柄なのです。

野球の世界でも「道徳的」な行動が求められるようになりました。私が育ったころの野球は、「ランナーに出たら捕手のサインを盗め」、「打たれそうな打者にはぶつけろ」、など、「Integrity」とは名ばかりの野球が当たり前のように行われていました。しかし、携帯電話やSNSの発展でIntegrityのないプレーがそのまま動画で社会に拡散されるようになりました。また、社会が「Integrity」を求めるようになったため、スポーツ現場にいない方々が

野球と道徳

動画を見て強烈にその行為を批判する時代になりました。

前述の「道徳」の内容に含まれるものでとくに共感を覚えたのは、「他律的道徳性は5歳児のレベルである」ということです。「他律的道徳性」とは、権威を持ったおとなが決めることが正しいことであり、それに従うことが正しいことと判断することです。この段階では、先生や権威者の言うことを聞かないと叱られるといった罰回避が道徳判断の基準になってくるのです。事の善悪からの判断ではなく、「練習中に全力疾走してないと監督さんに怒られるから」など、罰を避けるために規則を守る段階だそうです。このような手法で選手をコントロールしているということは、選手を5歳児扱いで育成していることになります。また、指導者も、ルールに頼らなければよき選手育成ができないのは、他律的道徳性のレベルであると示すようなものです。

次世代の野球指導は、日本の選手が将来社会で活躍できるように"新しい時代に即した育成"をしていく必要があると考えています。また、このような日本野球の指導理念の変化が、再び野球が選ばれるスポーツとなるのだと考えております。

The baseball medicine

第1章「野球医学」基礎講座

1 2 3 4

おとなとジュニアのからだは違う

> 第1章
> 「野球医学」
> 基礎講座

指導者や家族のみなさん、子どもにプロ野球の一流ピッチャーのような全力投球の真似をさせていませんか？

　たしかに、プロのピッチャーは素晴らしいボールを投げています。しかし、考えてみてください。プロ野球選手と子どものからだは同じでしょうか？

　車にたとえてみると、プロ野球選手は大きなエンジンにしっかりとしたタイヤやボディーでできたＦ１カーのようなもので、小中学生のみなさんは小さなエンジンに強度の弱いタイヤやボディーで作られた、ちょっと昔の軽自動車のようなものです。

　この２つの車でコーナーを回るときは、Ｆ１カーは高速度で突っ込んでいけますが、古い軽自動車ではそろそろとコーナーを回るしかありません。速いスピードで入ると、壊れてしまう危険があります。

　みなさんに知ってほしいのは、「おとなとジュニアのからだは同じではない」ということです。ここで言うジュニアとは、第二次性徴が始まる前の前思春期から、身長の年間の伸びが１cm以下になる思春期までとします。

　まだまだ成長途中で、これからおとなのからだに近づいていく年齢ですね。からだが違うということは、投げ方や打ち方も違ってくるはずです。

　まずは、おとなとジュニアのからだの違いについて勉強しましょう。

↓車にたとえると

おとな（プロ野球選手）＝Ｆ１カー

子ども＝軽自動車

次のページから →

おとなとジュニアのからだは構造が違う

　実際に、おとなとジュニアのからだの構造を見てみましょう。

　MRIでおとなとジュニアの肘を調べてみると、明らかな違いがわかります。黒い部分は骨で、グレーの部分は軟骨です。おとなでは骨になっている部分が、子どもはまだ軟骨のままになっています。

　軟骨はその字のとおり"軟らかい骨"で、みなさんがやきとり屋さんで食べるあの"軟骨"と同じくらい軟らかいのです。

　このジュニアとおとなのからだの強度の違いは、ジュニアとおとなで野球のやり方を変えなければならない原因のひとつと言えます。

ジュニアの肘内側部（左）とおとなの肘内側部（右）のMRI

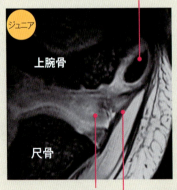 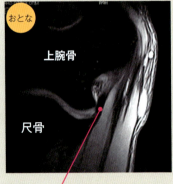

内側上顆二次骨化中心

ジュニア／上腕骨／尺骨／軟骨／尺側側副靱帯

おとな／上腕骨／尺骨

　同じ肘のMRIですが、ずいぶん違っていることに気づくことでしょう。特に違う部分は、ジュニアには内側上顆二次骨化中心という骨が存在し、その周囲を軟骨が取り囲んでいるところです。このような狭い範囲に硬い骨と軟らかい軟骨があるとその境界部にストレスが集中し、壊れやすい構造になっています。このことは、ジュニアに肘内側の障害が多いひとつの理由になっています。

骨と神経と筋肉の
成長度合いがアンバランス

　おとなとジュニアのからだのもうひとつの違いは、「骨と神経と筋肉の成長の度合いがアンバランス」なことです。

　脳から出た命令は、脊髄から末梢神経をとおり筋肉に伝わります。この末梢神経伝導速度は、だいたい50～60m／秒がおとなの正常値です。つまり、脳から出た情報は50mのプールを1秒弱で泳ぐぐらいのスピードで筋肉に伝わっていきます。

　さて、ジュニアはどうでしょうか。

　生まれたときには、おとなの半分ぐらいの伝導速度ですが、4歳にはおとなとほぼ同じスピードになっているのがわかるでしょうか。

　ですから、おとなの速い動きを、ジュニアでも真似することが十分に可能なのです。

　一方、筋肉は20歳くらい、骨は15歳ぐらいのときにおとなと同じサイズになります。

　つまり、ジュニアの時期は末梢神経の伝達スピードはおとなと同じでも、骨や筋肉は未熟な状態と言えるのです。

　車にたとえると、アクセルワーク（神経）はジュニアですでにF1レベルに達していますが、タイヤやシャフト（骨）、エンジン（筋サイズ）は軽自動車と同じようなアンバランスな構造になります。

　そして、この車に乗っているのが全力でアクセルワークを求めるF1レーサー（指導者）とも考えることができるのです。はたして、こんな車が安全に走れるでしょうか？

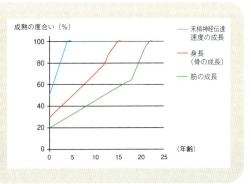

　ジュニアのからだの成長は、組織（神経、骨、筋）によって成熟のタイミングに違いがあります。右のグラフは、骨や神経、筋の成熟のタイミングのズレを示したイメージ図です。4歳から15歳くらいまでは、末梢神経の伝導速度は成熟しているが、骨や筋は未成熟。15歳くらいから22歳くらいまでは骨は成熟しているが筋のサイズは伸び盛り。このように組織によって成熟の度合いが違うため、野球のやり方にも違いが出てきます。

成長フェーズと骨の成長度合いの関係

　身長は、出生後1年間で約25cmと最も大きく成長し、その後徐々に身長の1年間の伸びは小さくなっていきます（フェーズ1）。

　その後男性では11±2歳程度、女性で9±2歳程度から急激に身長が伸び始め、男性で13±2歳程度、女性で11±2歳程度で最も身長の伸びが大きくなります（フェーズ2）。その後急激に身長の伸びが小さくなり、ピークから3～4年で身長の1年間の伸びが1cm程度になります（フェーズ3）。それ以降はほぼ身長が伸びなくなります（フェーズ4）。

　MRIという検査機器で肘をみてみると、成長のフェーズに応じて肘の成長の度合いも影響を受けるのです。右ページの図は、成長のフェーズと肘のMRIの関係を示していますが、フェーズ1では矢印のあたりが軟骨を示す白っぽい部分が多いのにくらべ、フェーズ3ではほぼ骨への成熟を示す黒いところが多くなっていますね。

　軟骨が多いフェーズ1からフェーズ2にかけてはまだ骨の成熟が不十分で投球動作で壊れやすい時期になります。ですから、フェーズ3になるまでは、遠投など全力投球を控えた方がよいと説明しています。

フェーズ1

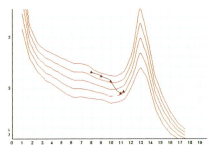
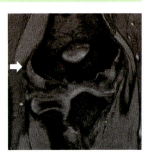

↓

フェーズ2

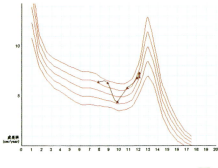
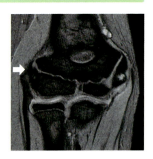

↓

フェーズ3

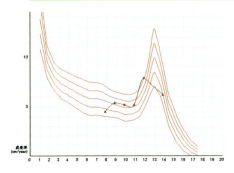
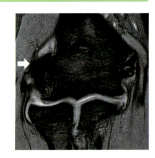

1 「野球医学」基礎講座

2 野球障害克服ガイド

3 高身長選手の育成

4 知っておきたい技術と知識

おとなとジュニアの野球は違う

第1章 「野球医学」基礎講座

ジュニアはおとなと比べて壊れやすい構造をしていると前ページで説明しました。

　これだけの違いがある、おとなとジュニアのからだです。そうなると、投げ方指導にも違いがあったほうがいいのではないでしょうか。その理由をお話ししましょう。

次のページから →

おとなの正しい投げ方って何？

「おとなの正しい投げ方」とは、どういう投げ方でしょうか？

スポーツ科学では、野球がうまい選手とうまくない選手を比較して、どこが違うのかを研究しています。つまり、スポーツ科学の研究では野球がうまい選手＝"正しい"投げ方をしていることになるのです。

しかし、ちょっと野球を知っている方ならわかると思いますが、プロ野球選手の投げ方にはいろいろなタイプがあります。ですから、どの選手の真似をしたらいいのか迷ってしまいますね。

また、プロ野球選手は「勝利」という結果を強く求められているので、ケガのリスクが高い投げ方であっても、"勝ち"を優先した投球フォームを選ぶこともあるようです。

加えて、おとなはからだの構造が強いので、少々ストレスがある投げ方でも、許容できることも特徴になります。

このようにおとなの正しい投げ方にはいろいろな方法があり、ケガのリスクが高い可能性も考えられるのです。

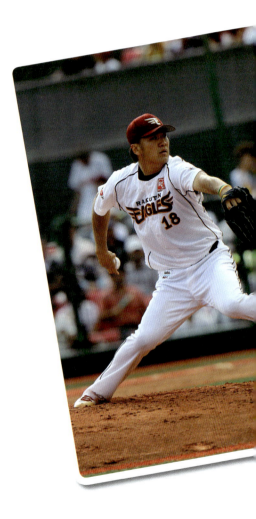

1 「野球医学」基礎講座

2 野球障害克服ガイド

3 高身長選手の育成

4 知っておきたい技術と知識

ジュニア向きの投げ方を考えよう

　では、「ジュニアの正しい投げ方」は、どのように考えればいいでしょうか？

　これは医・科学的にはまだわかっていませんが、ジュニアからプロ野球まで多くの選手を診察や検査、手術してきた経験と、大学野球の現場経験、自身の野球経験から、私は次のように考えています。

ジュニアの野球障害は、おとなの野球障害につながる

　ジュニアの投球障害を詳しく研究したところ、おとなの投球障害と同じような異常があることがわかってきました。

　また、高校生以上の手術を受けた患者さんに話を聞くと、きまってジュニアの時期に同じ部位の痛みを覚えています。

　このように、ジュニアの時期の投球障害は、高校生以上の投球障害の原因になるということです。

ジュニアのからだはおとなのミニチュア版ではない

　すでにお話ししたとおりにジュニアはからだの強度が弱いことや、神経、骨、筋肉の成熟の度合いにばらつきがあります。おとなとはからだの構造が違うのです。そのため、ジュニアのからだを考慮したうえでの投げ方指導が必要と考えています。

　たとえるのなら、軽自動車には軽自動車、F1カーにはF1カーに適した部品のバランスがあるため、壊れないで走ることができるのです。ジュニアのからだのアンバランスさは、車の部品の一部を別の車種の部品に取り替えたことと同じですから、故障につながりやすいわけですね。

選手に技術を伝えるときは、5つのステップを利用しよう！

　投げ方を選手に伝えるときに大切なことは、技術習得の5つのステップを理解すること（136ページ）、技術は教えるものではなく"促発"することです。

1 「野球医学」基礎講座

2 野球障害克服ガイド

3 高身長選手の育成

4 知っておきたい技術と知識

野球障害って何？

第1章
「野球医学」
基礎講座

野球障害

とは、野球を繰り返しすることによって痛みが出るからだの変化のことを言います。

野球選手の障害はどの部位が多いか、想像がつきますか？

2007年、当院の野球外来を訪れた新患が160人。このうち肘が36パーセント、肩が29パーセント、腰が14パーセントと、肘・肩・腰に多く認められました。

投球で肘が痛くなることを「野球肘」、肩が痛くなることを「野球肩」と呼んでいますが、検査機器が進歩したおかげで、もっと正確な病名がつくようになっています。

また、病院で外来を行っていると、腰が痛くて来院する野球選手が多いことに気づきました。これも野球のやり方に問題がありそうですので、みなさんに肘や肩と同じように注意してほしいと思い、「野球腰」と名付けて説明をしています。

この野球障害は、ひどいと手術が必要になることもあります。また、手術にはならなくても痛みのため十分に練習ができず、"あとちょっとでレギュラーになれない選手"になってしまう可能性があるのです。

そうならないためにも、野球障害を勉強しましょう。

↓野球選手の障害部位

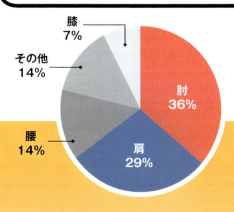

次のページから →

野球肘って何？

野球をしているみなさんが、投げるときに肘に痛みを感じたら、それを「野球肘」と言います。

みなさんにまず知っておいてほしいことは、「ジュニアの野球肘はちょっとした炎症などではなく、骨や軟骨、靭帯の損傷がある場合が多い」ということです。

また、「このジュニアの時期の野球肘は早期の治療開始が重要」であり、「ジュニアの野球肘がおとなの肘痛のきっかけになる」ことも知っておくことが大事になります。

そのためには、野球肘についてよく知ることが必要です。

内側の障害

ジュニアにとくに多いのが「内側」の障害で、「あまり痛くないけど投げるときにちょっと痛い」と、大きな問題ではないと思って病院に来る親子が多い障害です。

はじめて痛くなった「初発」の場合と、何度も繰り返す「再発」で少し違った問題が起きています。

初発例は上腕骨の内側上顆と言うところの骨の一部が剥がれるとともに、そこに付いている靭帯に損傷が起きていることが多いのです。一方で、再発例は靭帯損傷や骨の中の異常がメインになります。

いつも驚かれるのですが、ジュニア内側野球肘の初発例では、91パーセントの子どもの骨が折れているのです。さらに、61パーセントに尺側側副靭帯の損傷も見られます。つまり、初発の内側野球肘は骨折＋靭帯損傷を併発したものと考えられるのです。

子どもの付き添いで受診にきたお父さん、お母さんに「骨が折れていますよ」と言うと、誰しもが「え！」となります。そして、「そんなに痛がっていなかったのに」「炎症だと思っていました」という言葉が返ってくるのがほとんどです。

親御さんの言葉のとおり、子どもは痛みをあまり感じないことが多いため、「投げろ」と言われれば投げることができます。

私たちの調査によれば、ジュニアの野球肘で最も多い内側障害で、「徐々に肘の痛みを感じた」と答えた選手が

52パーセント。それだけに、病院を受診するまでの期間が遅れやすいのです。

超音波検査による肘障害調査によると、50パーセント弱の選手に野球肘の跡があることも指摘されています。このように高い発症頻度をみると、選手全員が野球肘の発症に気をつける必要がありそうですね。

おとなの内側野球肘にはジュニア時代の肘障害の遺残がある

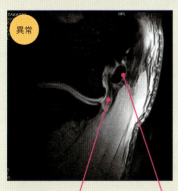
異常
靱帯損傷
（断裂と肥厚しています）
ジュニア期の骨折の遺残

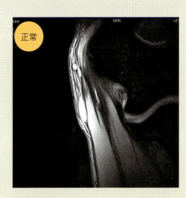
正常

この写真は左が肘内側側副靱帯損傷、右が健側です。左は矢印の部位の靱帯損傷が有り、その中に黒くて楕円の部分がありますが、この楕円はジュニアの時期に折れた骨が治らないでおとなまで残っているのです。つまり、この肘靱帯損傷は、ジュニアの時期の障害の"遺残"ということになります。ジュニアの障害が発症したときに適切な治療が行われていれば、おとなになって靱帯損傷で困ることはなかったかもしれません。

野球肘って何？

外側の障害

外側の障害の多くは、上腕骨小頭離断性骨軟骨炎と呼ばれるものです。

この障害は、悪化すると肘の曲げ伸ばしができなくなったり、かけらになって痛みが出たり、野球だけではなく日常生活にも影響を及ぼす可能性があります。内側の障害と違って、手術が必要になることが多いのが特徴です。「離断性骨軟骨炎」はわかりづらい名前ですが、簡単に言うと肘の外側にある上腕骨小頭という場所の骨の一部が支えとして機能しなくなり、その表面にのっている軟骨が力学的ストレスに耐えられなくなって壊れてしまう障害です。

外側の障害でも最も大事なのはグラウンドで行うチェックですが、それでも見つけられないことがありますので、専門家が行う野球肘検診を利用することも有効です。

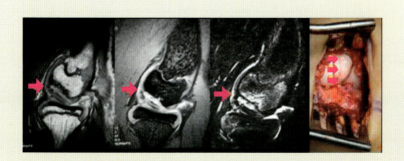

上腕骨小頭離断性骨軟骨炎のMRIと手術の写真です。左の3枚のMRIでは、矢印の部分に軟骨の亀裂とずれが認められます。これは病巣の不安定性があると考えられるため、手術を行いました。一番右は手術中の写真ですが、矢印の示すところに関節軟骨の亀裂が見えています。このように手術を受けることにならないように、野球界のみなさんには予防法や早期発見の取り組みを実行していただきたいと思っています。

後方の障害

後方の障害は、小学生にはほとんどみられず中学生以降で見かける障害です。いくつかのタイプがありますが、ジュニアの時期にあるのは尺骨の骨端線の癒合不全になります。

骨端線は、骨が成長するときに伸びる場所です。骨は釣り竿のように伸びる場所が決まっていて、成長している時期に肘にストレスを与え続けると、本来は成長が終わる頃にくっつくはずの骨端線が開いたままになってしまいます。このように骨端線が閉じないと、痛みが出て全力投球ができなくなるのです。

投球をやめて安静にしていれば治ることもありますが、つかない場合は手術が必要になります。

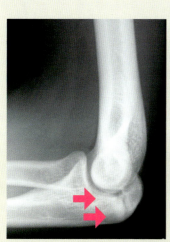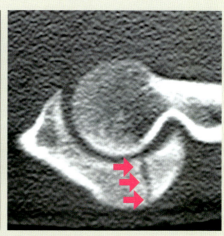

単純レントゲン写真（左）では、矢印の部分に骨を横切る線があり、その周囲の骨が白くなっています。この所見はCT（右）でも認められます。

野球肩って何？

　ジュニアの野球肩の多くは、上腕骨近位骨端線離開と呼ばれるものです。肩付近の骨端線が開いてしまう状態を指しています。これも骨が成長する線のことで、肘にも軟骨があったように、肩にも軟骨があるのです。

　この上腕骨近位骨端線離開の治療は、投球を４週間程度中止し、さらに４週間程度かけて徐々に投球のレベルアップをするようにしています。肘と同じで、肩もジュニア期の障害がおとなになってから全力投球できない選手を作ってしまうのです。予防が大事なのは言うまでもありません。

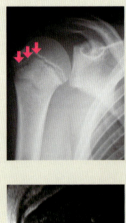
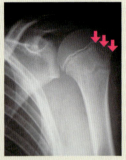

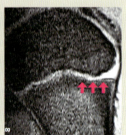

　上腕骨近位骨端線離解は、レントゲン写真のように骨端線という骨の中に横に走っている亀裂が開いて痛みが出る障害です。左右で開き具合に違いがあることがわかると思います。骨端線は、骨が成長するときに伸びる場所です。つまり、骨は釣り竿のように特定の場所が伸びるような形にできているのです。この骨端線の部分には軟骨がありますので、骨の他の部位より強度が弱くなっていて、投げる動作で開いてしまうのです。また、この骨端線は単純に開いているのではなく、ねじれを伴っていると考えられています。このねじれは最近おとなの投球肩障害の誘因のひとつとして考えられており、ここでもジュニア時代の野球障害がおとなの野球障害に影響しているのです。

野球腰って何？

　肘、肩ほどは注目されていませんが、腰を痛める野球選手が目立ちます。

　医学的には腰椎疲労骨折や腰椎分離症が多いですね。腰椎疲労骨折は、腰椎の椎弓根と言うところにストレスがかかって疲労骨折してしまう障害です。早い時期に見つけ、腰椎へのストレスを減らす生活をすれば、初期の方はよくなります。

　野球腰の原因の多くが、マスコットバットのような重いバット、または長尺バットなど長いバットによる素振りです。数多く振っているチームほど、野球腰の危険があると考えていいでしょう。

　投手で発症する場合もありますが、自分のからだの動く範囲を超えて運動（とくに走り込みや投球時のインステップ）する選手に多くみられます。

　目立つのがサイドスローで、極端にインステップする投手です。インステップが大きいと、踏み出し足の股関節が限界を超えて動く必要が出てきます。もちろん股関節の動く範囲には限界がありますので、それを超えると今度は腰椎にストレスがかかるようになるのです。

　ほかにも「走り込み」や「ポール間走」などのように、同じようなトレーニングを繰り返し行うこともリスクのひとつです。

　一方、腰椎分離症は腰椎疲労骨折がよくならなかったものと考えることができます。こうなってしまうと、腰痛を繰り返す場合が多いため、なるべく腰椎疲労骨折を起こさないこと、さらに悪化させないことが大事なのです。

野球障害の予防を考える

> 第1章
> 「野球医学」
> 基礎講座

ここまで

説明してきたように、ジュニアで経験した肘や肩の痛みが、おとなになってからも影響することがわかってきました。ですから、ジュニア世代を教える指導者の責任はとても大きなものになるのです。

近年は、野球肘や野球肩の予防のために「イニング数制限」や「投球数制限」をもうけた大会が増えてきました。投球数が肘や肩に影響するという考え方からです。

もちろん、投球数も影響しますが、野球障害を引き起こす原因はそれだけではないと思っています。というのも、「イニング数制限」や「投球数制限」は試合に限った話だからです。

実際には練習で発症している選手も多く、この取り組みだけで投球障害をゼロにするのは難しいのではないでしょうか?

次のページから →

一次予防と二次予防の考え

それでは、どのようにして野球肘や野球肩を予防すればいいのでしょうか？

予防するには、「一次予防」と「二次予防」という方法があります。一次予防は、野球障害を起こさないための方法です。みなさんが知っているところでは、試合での投球数制限や変化球禁止などがあります。

二次予防は、野球障害が発症したあとに早く見つけるための方法です。指導者が「肘が痛い選手はいないか？」と聞くのも二次予防ですし、医師などの専門家が行っている「野球肘検診」と言われる検診も二次予防になります。

では、一次予防、二次予防の具体例を紹介しましょう。

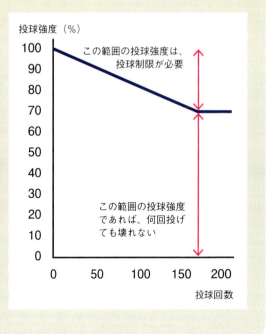

金属などの硬い物体の疲労損傷に関する研究テーマに「S-N曲線」というものがあります。S-N曲線は、繰り返して物体に力を作用させて破断させたとき、力の作用回数と物体に作用する力の大きさの関係を示すものです。ピッチングで言うと、強く投げていると少ない回数で肘が壊れますが、投げる力を弱くすると肘を壊さないで投げられる回数が増え、ある強度以下での投球は、いくら投げても肘が壊れないことを示しています。

もちろん人の体で直接このような実験はできませんが、人や動物の骨を使ってこのような現象をみている研究があります。

このS-N曲線の考え方は、ピッチング強度と回数の関係をよく表していると考えられます。つまり、ジュニア期のように壊れやすい骨の時期は、投球強度を落として練習させることが有効だと考える理由のひとつです。

チームでできる一次予防 ＝ 全力投球禁止

「全力投球(送球)禁止！」

こういう話をすると、多くの指導者は「え！　ありえない！」と言うと思います。全力でプレーすることを教えるのが、野球選手にとってとても大事なことだからです。

たとえば、甲子園で行われる高校野球。アウトになるのがわかりきっているにもかかわらず、ファーストまで全力疾走することが大事だと言われます。「全力でプレーしないのは、さぼっている」と判断されることもあるでしょう。

私も球児でしたから、いつも全力でプレーをしていました。手を抜いていると、指導者やチームメイトから「一生懸命やれよ！」と声をかけられたものです。

しかし今では、病院に来る小学生や保護者に「全力投球禁止」「全力投球は身長の伸びが止まってからでも遅くはないよ」と伝えています。

肘や肩の破損に影響するのは、「投げる回数」「強さ」「力のかかる方向」「コンディション」「個体差」の５つの要素です。ですから、一般的な投球障害の予防法である投球数制限だけでは足りず、「全力投球禁止」もとても大事なポイントになってきます。

実際は、全力投球をしなくても十分にレギュラーになれますし、もっと言えば、プロ野球選手もいつも全力投球、全力送球しているわけではありません。だいたいは80パーセントぐらいの力でプレーしていることが多いのです。

チームでできる二次予防
＝ 声かけと雰囲気

　指導者や家族のみなさんにお願いしたいのは、チーム内で行う二次予防、つまり選手や指導者が自ら取り組むことが早期発見につながります。

　その第一歩は、選手が肘や肩などが痛いときに、指導者や保護者に伝えられるようなチームの雰囲気作りです。「肘が痛いとサボっていると思われるから…」とか、「『腰が痛くても頑張れ！』と言われる…」などは、障害の早期発見を邪魔してしまいます。

　選手が「痛さ」を早く伝えられるチームの雰囲気が大切になるのです。また、指導者や保護者は、選手に痛いところがないか聞いてあげるといいでしょう。小さい子どもは「痛いことを痛いとわからない」こともあります。そのため、子どもが練習に行く前に、「肘や肩は痛くない？」「痛いときはすぐに指導者に言うんだよ」と声をかけてあげることが大切です。

　指導者の方々も、グラウンドにきた選手に「今日は痛くないか？　痛かったらすぐに言ってよ」と伝えてください。それだけで、子どもは言いやすくなるものです。

チームでできる二次予防 ＝ セルフチェック

　もうひとつ、チームでできる二次予防に肘、肩、腰の痛みを確認するセルフチェックがあります。

　どこのチームも練習開始前にミーティングや練習内容を確認するために、全員で集まると思いますが、このときにぜひセルフチェックをしてください。先週は痛みがなくても、今週になって痛みが出ているときもあるので、練習日には必ずセルフチェックを取り入れることをお勧めします。

　肘、肩、腰のそれぞれのセルフチェックについては、54ページ以降で紹介しています。最初は難しいですが、みんなで本を読みながらやってみましょう。子どもたちだけではしっかりとできない場合もありますので、練習の合間や自宅でおとながチェックしてあげることも大事なことです。

すぐできるジュニアの投げ方指導

第1章 「野球医学」基礎講座

今日の練習

から、すぐに実践できる投げ方指導があります。
それは41ページでも紹介したように、全力投球をやめて、8割の力で投げることです。とくに小学校低学年に取り入れてほしい、グラウンドレベルでの大切な一次予防になります。

次のページから →

投球強度の調整

　投げ方指導をするときは、169ページにあるように投球障害リスクのペンタゴンを知っておく必要があります。投球障害リスクのペンタゴンは、投球障害に関係する5つの要素（投球数、投球強度、投球動作、コンディショニング、個体差）のバランスを調整して、パフォーマンスと障害予防を両立しようとする考え方です。

　これにはさまざまな知識を習得して対応する必要がありますので、ここでは難しいことは置いておいて、だれでもすぐにできる投げ方指導法をご紹介します。

　最も簡単で効果がすぐに出る投球障害の予防法は、「投球強度を調整すること」です。簡単にいうと、「全力投球や遠投をやめよう」です。最近の研究では、投球障害のリスクとして全力投球や球速が速いことが注目されています。あの二刀流の選手もしっかり投球数制限をしていたにもかかわらずトミー・ジョン手術を受けることになったことからわかるように、投球数だけでは障害予防はできないのです。

　とくに、成長のフェーズ1や2の選手の、肘は骨に成熟しきれていない軟骨が多く、「強い投球」で簡単に壊れてしまいます。

　「全力投球や遠投をやらないとうまくなれないのでは？」とはよく聞かれる質問ですが、ある選手で小学生からほぼワンバウンド投球で遠投をさせない育成実験を行いましたが、高校野球で1年生からレギュラーとして育成することができました。高校生以上の野球障害の誘因は小学生時代にもありますので、この時期に抑えた野球で選手の未来を拓きましょう！

キャッチャーの セカンド送球注意

キャッチャーの肘の障害は、ピッチャーの次に多いことがわかっています。

しかし、ピッチャーのように全力で投げる機会が数多くあるわけではありません。何らかのプレーが、キャッチャーの肘に良くないと考えられるのです。

その原因としては、キャッチャーの盗塁阻止にあると考えています。小学校の野球を見ていると、盗塁の阻止率は非常に低いですね。

それでも盗塁を防ぐために、送球フォームを崩してまで、全力で送球している姿をよく見かけます。

ジュニアは骨の一部に成長軟骨という弱い部分があるため、全力で投げさせるのは肘の障害リスクがとても高くなる指導だと考えられます。とくにキャッチャーは無理をして投げているので、とても危ないポジションと言えるのです。

このように、「アウトにできる可能性が低いにもかかわらず、肘を壊すリスクが高いプレー」をしているわけですから、指導者の方は無理をしてセカンド送球をさせないほうがいいのではないでしょうか。

「からまわり投球」を
ひかえよう！

　21ページで末梢神経伝導速度は、4歳の頃にすでに成人と同程度になると紹介しました。

　これを投球フォームに置き換えて考えてみると、プロ野球選手のような上級者のフォームをイメージして投げても、末梢神経伝導速度の成熟は早いために、同じようなタイミングで投げられることになります。

　しかし、小学生の野球をみていると、一生懸命投げているのにボールが十分に加速されていない「からまわり投球」となっている選手がいます。体格に対しボールが重すぎるのが原因です。このような選手には、「もっとゆっくり投げよう」や、「もっと軽いボールでキャッチボールを始めよう！」とティーチングするようにしています。やわらかいカラーボールで全力投球しても肩、肘を壊すことは少ないと思いますし、子どもたちも野球を楽しめますね！このようなカラーボールをもちいた草野球をやってみましょう！

長期選手育成（LTAD）

　カナダ野球連盟は、選手の潜在能力に応じて将来のパフォーマンスを最大化することと、野球に限らずスポーツを楽しむように選手育成することを目的に、long term athlete development（選手長期育成）プロジェクトを行っています。

　このプロジェクトは、進化しつつあるスポーツ医科学の研究成果を基盤として育成プログラムが作られています。

　その内容は、それぞれの成長段階での至適トレーニング法や障害予防法、コーチング法の提示などから成ります。

　本書では、身長の伸び（成長速度曲線）を基準として生育段階を分類し、トレーニング計画を立てるように提案しています。これも、長期選手育成を最適化することが目標です。

\No more damage!/

The baseball medicine

第2章
野球障害克服ガイド

1 **2** 3 4

ケガから自分を守るために

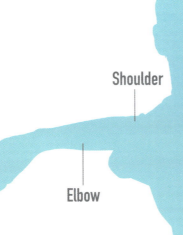

Shoulder

Elbow

Lumbar spine

| 肘 P.054 | 肩 P.090 | 腰 P.100 |

日々のセルフチェック

| 投げ方を考える P.084 | 柔軟性を養う P.098 | 素振りをチェック P.106 |

痛みを感じたら…

アイシングは避ける P.066

病院へ P.062

1 「野球医学」基礎講座

2 野球障害克服ガイド

3 高身長選手の育成

4 知っておきたい技術と知識

Elbow
野球肘編

セルフチェック

　32ページで紹介したとおり、野球障害で最も多いのが野球肘です。指導者、保護者のみなさんは、「うちの選手（子ども）は大丈夫なのだろうか？」と心配になっているかもしれません。

　ジュニアの野球肘で最も多い内側障害で、「徐々に肘の痛みを感じた」と答えた選手が52パーセントです。できるだけ早く痛みに気付けるように、現場での二次予防となるセルフチェックを勧めています。

　内側、外側、後方の3タイプそれぞれのセルフチェックを紹介しますので、ぜひ取り入れてみてください。痛みの違いを感じるために、利き腕だけでなく逆の腕もやったほうがいいでしょう。はじめは選手自身でチェックし、痛みを感じているようであれば、コーチや保護者が再度確認してあげてください。

野球肘 セルフチェック

☑ 肘全体のセルフチェック

　肘を曲げた状態から、肘を伸ばしてみてください。このときに伸びが悪かったり、痛みを感じる場合は、肘のどこかに異常が見られる場合があります。
　誰かに押してもらうとよりはっきりしますが、あまり強いと肘を痛めることもあるので、ゆっくりと押してもらいましょう。

☑ 内側セルフチェック

\ チェック /

　肘の内側に、骨のでっぱりがあるのがわかるでしょうか。このでっぱりから、少しだけ自分の手に近いほうにずらしてください。
　左右両方の肘を圧したときに、痛みに違いがあるかどうか、確認してみましょう。これが「圧痛（あっつう）」と呼ばれるやり方です。

野球肘 セルフチェック

✓ 外側セルフチェック

上の写真(肘頭)のやや外側が野球肘の外側(がいそく)障害で、痛くなるところです。左右比較してみましょう。

後方セルフチェック

　やり方は肘全体のセルフチェックとまったく同じです。肘を曲げた状態から、肘を伸ばしてみてください。痛みを感じるときは、後方に障害がある可能性もあります。

痛みを感じたときの対処法

第2章 野球障害克服ガイド

野球肘は、骨や軟骨、靭帯、神経に異常があるわけですから、痛みが強く出るものと思っている指導者や保護者が多いのが現状です。

しかし、多くの選手は、「ちょっと肘が痛かったが、だんだん投げられなくなった」と言うように、最初はあまり痛くないことが多いのが特徴と言えます。

次のページから →

早急に病院へ

セルフチェックや投球時に痛みを感じた場合は、できるだけ早く病院へ行きましょう。「単なる炎症で、しばらく休んでおけば治る」と思っているおとながいるかもしれませんが、それは大きな間違いです。お父さん、お母さんは仕事を休んででも、連れて行ってあげてください。

すでにご紹介したとおり、「肘関節内側の投球障害有病率」を調べると、11歳で48.7パーセント、12歳で40.9パーセントの子どもが肘の内側に何らかの異常が見られるのです。ほぼ2人に1人という、非常に高い割合になります。

早く治療開始すると治りやすい

なぜ、早急に受診したほうがいいのかと言うと、肘の内側障害は疼痛発症から1週間以内に治療プログラムを開始したほうが治りやすいというデータが出ているからです。

それが右ページの棒グラフになります。1週間以内に治療を開始した場合は、100パーセントの子どもが肘の痛みがなくなっているのがわかるでしょうか。

これが1カ月以内では64パーセント、1カ月以上では67パーセントと、1週間以内に比べると、あきらかに治りが悪くなっています。

指導者、保護者のみなさんは、まずは毎日の練習のときにセルフチェックをして、お子さんに絶対に我慢をさせないでください。たとえ、翌日に大事な試合があったとしても、子どもが肘に痛みを覚えたら、すぐに病院へ行きましょう。ジュニア期に無理をさせてしまうと、子どもの将来の野球人生にまで関わってきます。

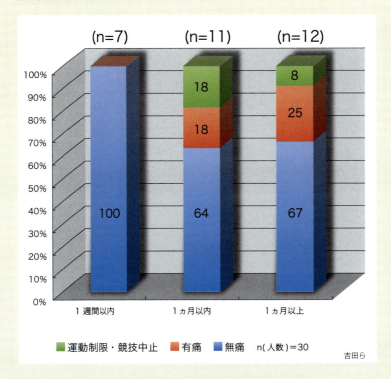

内側野球肘は早く治療開始したほうが治療成績が良い

■ 運動制限・競技中止　■ 有痛　■ 無痛　n(人数)=30

吉田ら

ジュニア野球選手の肘内側痛出現から初心までの日数と治療終了後しばらくたってからの野球復帰状況です。肘が痛くなって1週間以内にかかった選手は、調査時に肘の痛い例はありませんでした。一方、1カ月以上かかって治療開始した選手は、4人に一人は肘の痛みが残って野球をしていました。早く治療を開始することがとても大事だということです。

病院選びのポイント

病院を選ぶひとつの基準としては、日本スポーツ協会のホームページを参考にしてみてはいかがでしょうか。日本スポーツ協会に登録しているスポーツドクターを調べることができます。

ドクターの紹介として、それぞれの「スポーツ種目」が掲載されています。私は野球専門でやっているので、「野球・軟式野球・ソフトボール」です。スポーツ種目に「野球」と書いているドクターであれば、しっかりと診てくれる可能性が高いと言えるのではないでしょうか。ぜひ、信頼できるドクターを見つけてください。

ホームページ

https://www.japan-sports.or.jp/coach/DoctorSearch/tabid75.html
（スポーツドクター検索）

野球というスポーツを長く楽しく続けるためには、日々のコンディショニングが不可欠。そして野球を理解しているドクターとの出会いも、選手生命を守るためには重要になる。

アイシングの効果は…

> 第2章
> **野球障害克服ガイド**

「肘が痛い…」

と言ってきた子どもに、「じゃあ、冷やしておこうか」とアイシングをさせていませんか？

また、投球後に当たり前のようにアイシングをしているチームも多いと思います。じつは、アイシングは痛みの感覚を鈍らせる場合があるため、ジュニア期にはアイシングを勧めていません。その理由を詳しくお話ししましょう。

次のページから →

痛みの感覚が鈍る

ジュニア期の初発の内側野球肘は、91パーセントに内側上顆二次骨化中心の裂離。さらに、61パーセントに尺側側副靭帯の損傷が見られるのは、すでにお話ししたとおりですね。つまり、骨折＋靭帯損傷を併発したものと考えることができるのです。

一般的にアイシングは、除痛と靭帯の修復に効果があると考えられています。一方で、治癒を促進する効果があるかまでは、まだわかっていません。アイシングをしたから、野球肘が治るようなことはないと考えていいでしょう。

ここで気をつけてほしいのはアイシングには除痛効果があるということです。アイシングをすることによって肘の痛みが取れてしまい、そのままプレーをしてしまう。これによって、病院への受診が遅れるケースが実際にあるのです。

発見が遅れる可能性が高まる

右ページのグラフを見てください。アイシングを行った実施群と、アイシングをしなかった非実施群にわけて、肘への痛みの感じ方を調べたものです。「予兆・突然・徐々に」の3段階で調べたところ、非実施群では徐々に痛みを感じたのは27パーセントしかいませんが、アイシング実施群では徐々に痛みを感じた人が85パーセントにものぼりました。

これによって何が言えるでしょうか。アイシングをすることで、痛みが抑えられ、徐々にじわじわと痛みを感じるようになってしまうのです。

肘の痛みを徐々に感じるようになると、選手たちは指導者や保護者のみなさまになかなか報告しなくなります。このためセルフチェックを取り入れなければ、肘の損傷に気付かない場合があり、野球肘の発見が遅れる可能性が高まります。

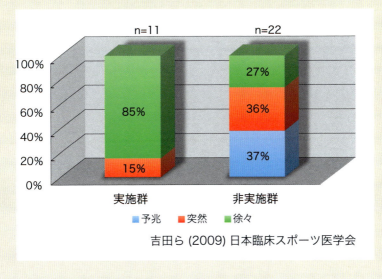

実施 or 非実施による データ

　続いては、右ページのグラフを見てみましょう。これは、アイシングを実施した子どもと、実施しなかった（非実施）子どもが、何日後に医療機関を受診したかを調べたデータです。

　1週間以内に受診した子どもは、実施が36パーセント、非実施が59パーセントと、アイシングをすることによって医療機関への受診が遅れているのがわかると思います。

　3カ月以上経ってからの受診を見ると、実施が9パーセント、非実施が0パーセントです。これだけ受診が遅れると、野球肘の治療に大きな影響が出てきてしまいます。

試合と試合の間も NG

　小学生、中学生の試合では1日2試合行うダブルヘッダーがあります。1試合目を終えたあとにアイシングをしているチームがありますが、あまり勧められません。

　と言うのも、アイシングは局所温の低下、末梢（まっしょう）神経伝導速度の低下、筋力の低下につながります。これによって、パフォーマンスが落ちる恐れがあるのです。試合と試合の間はもちろん、試合前や試合中のアイシングも避けたほうがいいでしょう。

野球肘に対するアイシングは医療機関などを受診する時期を遅らせる

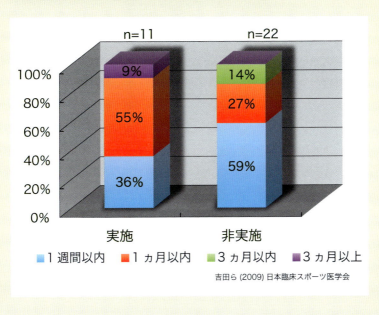

吉田ら (2009) 日本臨床スポーツ医学会

野球肘タイプ別の対処法

> 第2章
> 野球障害
> 克服ガイド

野球肘は一般的に内側、外側、後方の痛みにわかれることは、すでにお話ししました。ここではそれぞれのタイプ別の対処法を紹介しましょう。

　どこが痛いかによって、対処が変わってきます。実際は病院で行ってもらうことですが、指導者、保護者のみなさんも知識として頭に入れておいてください。

　まずは、肘の場所を知る方法です。腕を下げたまま手のひらを前に向けます。そのまま肘を90度まで曲げてください。そのとき胴体に近い側が「内側」です。反対側が外側になります。

　場所がわかったら、対処法を勉強しましょう！

　じつは、ジュニアの野球肘をどのように治療したらいいのかというのは、まだ医学的には結論が出ていません。それは、ジュニアだけの問題ではなく、おとなになってからも影響があるため、研究するのが難しいからです。

　ですから、病院によって治療方針が違います。ここでは、私のこれまでのMRI研究の成果や「どうやったら高校生以上でも野球を楽しめるか？」という視点で決めた治療プログラムを紹介します。

次のページから →

内側の痛みの対処法

　ジュニア期の初めての内側野球肘の場合は、91パーセントが内側上顆二次骨化中心の裂離でした。これはいわば、骨折と同じことです。

　2回目以降は、骨折している可能性は減りますが、レントゲンだけではその判断が難しいので、まずは初回でも再発でもシーネ固定をしています。

　期間は4～6週間で、押したときの痛みが消えれば外す時期です。このシーネというものは取り外しができるので、痛みが軽くなれば、お風呂に入るときは外してもいいとしています。

　大げさな……と思われる方もいるかもしれませんが、ジュニアのときに完治させておくにはこれぐらいの対応が必要なのです。当然のことながら、投球は禁止。キャッチボールも禁止です。

　一般的には、受診してから4～6週後に、練習に完全復帰することができます。痛みがあるにもかかわらず、無理して投げてしまうのは絶対にやめましょう。復帰が遅れる大きな原因となります。

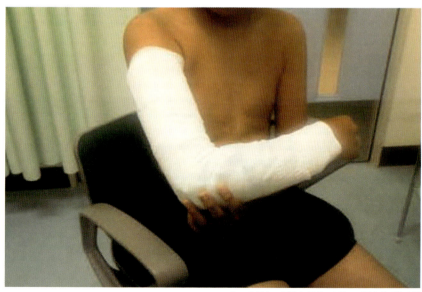

シーネ固定＝板状のギブスを使って固定する治療法

外側の痛みの対処法

　外側はMRIを撮り、よほどひどい状態であれば手術の可能性があります。手術の必要がない場合は投球禁止。内側よりも禁止の期間が長く、一般的には「半年以上は投げるのをやめましょう」と伝えています。

　シーネ固定はしません。そのため、「シャドウピッチングぐらいならいいのかな」と思いがちですが、シャドーピッチングも禁止です。腕を振ることで、肘に負担がかかってしまいます。

　手術をしない場合は経過を観察し、自然によくなるのを待つしかありません。野球肘、野球肩の研究をしている徳島大学のデータでは、「初期の外側野球肘は約90パーセントの確率で完治する」という数字が出ています。投げたい気持ちもわかりますが、我慢が必要です。

上腕骨小頭離断性骨軟骨炎のMRI

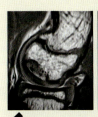 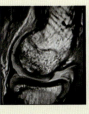 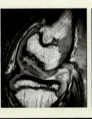 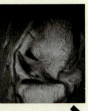

軽症　←　　　　　　　　　　　→　重症

外側の痛みには「上腕骨小頭離断性骨軟骨炎」という障害が含まれます。MRIの軽症の時期は軟骨表面も綺麗に丸いのですが、重症例になると軟骨が骨とともに剥がれてしまっています。軽症の時期に見つけることができれば手術は避けることができますが、重症になると手術が必要になる可能性が高くなります。セルフチェックや野球肘検診を利用して、早期発見しましょう。

MRI＝Magnetic Resonance Imaging system（磁気共鳴画像装置）の略。磁場と電波を使って体内の画像を撮影する装置

後方の痛みの対処法

　後方の痛みは、肘頭と呼ばれる肘を曲げたときに後ろに突出している部分の骨端線や骨そのものに投球によるストレスがかかり、骨端線が成長後も癒合しなくなったり新たな場所に疲労骨折が生じたりすることが原因です。

　"後方の痛み"と書きましたが、"内側が痛い"と言って来院する選手もいますので、診断には注意が必要です。いわゆる内側障害の場所よりやや後方に圧痛があります。

　内側が痛いと言って来院する選手には、この後方の障害も忘れないようにチェックすることにしています。

　比較的早い時期は、安静によって治る場合もありますが、進行して"偽関節"という骨が治らない状態になると、手術が必要になります。

　手術は肘頭の骨を切って反転する手術を主に行っています。この手術は2～3カ月で復帰できるケースが多く、手術する時期を見極めれば、大事な大会に間に合うこともできるのです。

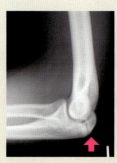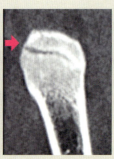

単純レントゲン写真(左)とCT画像(中央、右)です。矢印の部分が肘頭という場所にできた「疲労骨折」が治らなかったために「偽関節」という状態になっています。安静にすることによって治ってくる例もありますが、治らない場合は手術を行います。

ストレッチをしよう

では、シーネ固定中や投球禁止のときに、何をすればいいのでしょうか。

子どもたちに勧めているのは、ストレッチです。最近の子どもたちはからだが硬いことが多く、とくに太ももの裏側や肩甲骨周辺に硬さがみられます。ストレッチの研究によると、ストレッチを行う時間はひとつの手技について最低30秒程度行う必要があります。また、運動をしているときは30分に1回程度行ったほうがよいでしょう。イチロー選手が試合中にいつもストレッチをしていたことも参考になりますね。

トルソウォーキング

野球選手は体幹の柔軟性がとても大事です。このトルソウォーキングは体幹の柔軟性を高める良い方法です！

ジャックナイフストレッチ

これも太ももの裏側の筋肉を中心にストレッチする方法です。まずは、左のようにしゃがんだまま足首付近を手でつかみ、そのまま立ち上がる方法です。太ももの前側の筋肉を使って立ち上がることにより、太ももの裏側の筋肉が緩みやすいというからだのメカニズムを応用しているため、早くストレッチ効果が出ると言われています。

内側障害の初発・再発の違い

> 第2章
> **野球障害克服ガイド**

「痛みを感じたのは、初めてですか？」と、私は来院した選手に必ず聞いています。すでにご紹介したとおり、野球肘のとくに内側の痛みに関しては、初発か再発かで症状が変わってくるからです。

ただ、自分では初発と思っている選手も、ＭＲＩで調べてみると過去に肘に異常があったと判断できる場合もあるため、再発野球肘として対応しています。

ここでは初発か再発かによって、どのような症状の違いが見られるかを説明しましょう。

次のページから →

初発は骨折＋靱帯損傷

　少し専門的な話になりますが、ＭＲＩで詳細な画像が見られる前は、ジュニアの内側野球肘は裂離骨折や炎症、成人は靱帯損傷と言われていました。野球肘が起きる年齢によって、もう少し具体的に説明すれば、骨端線が閉じているかどうかをひとつの目安にしていたのです。骨端線が閉じたあとの内側野球肘であれば靱帯損傷、という判断でした。

　しかし、ＭＲＩでよく調べてみると、ジュニアの時期にも靱帯損傷が約６割も起きていることがわかりました。骨が欠けていると同時に、靱帯も損傷しているのです。

初発内側野球肘は、ただの炎症や内側上顆の裂離ではない

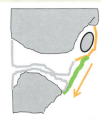 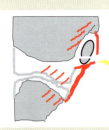

投球動作で内側側副靱帯に生じる牽引ストレス

靱帯付着部の軟骨膜の変位・断裂
二次骨化中心の裂離
尺側側副靱帯損傷
周囲の高信号

　初発内側野球障害のMRIでは、正常な左図の状態に投球動作によってストレスがかかり、右図のように黄色の稲妻が指している赤い膜とグレーの上腕骨内側上顆二次骨化中心に亀裂が入っています。（90パーセント程度）。また、60パーセント位の例では、その下にある靱帯の損傷を認めます。さらに、周囲の骨の中に色の変化があることから、力学的ストレスがかかっていると考えられています。このように、初発の内側野球障害は、これまで言われているような上腕骨内側上顆の裂離骨折だけではなく、靱帯損傷や周囲の骨の異状も認められるのです。

少ない回数でも肘は壊れる

　みなさんは「たくさん投げないと肘は壊れない」と思っていませんか？

　逆に言うと「肘が痛いけど、たくさん投げていないから野球肘ではない。だから病院には行かなくていい！」と思っている方がたくさんいます。

　実際はそんなことはなくて、「久しぶりに投げたら痛くなった」や、「ウォームアップ中に痛くなった」など、あまり投げていないにもかかわらず肘が痛いと来院し、肘の内側が骨折していることがよくあります。

　ジュニアの野球選手が肘が痛いときは、なるべく早く治療を始めたほうがよくなる可能性が高いわけですから、「たくさん投げていないから野球肘ではない」とは、思わないようにしましょう。

少ない投球回数でも肘が痛ければ障害の可能性があります。投球フォームがおかしいだけでも肘に損傷があることがありますので、選手には肘が痛いときや違和感があるときはすぐに指導者や父母に言うように指導することが大切。

再発は靭帯損傷がメイン

　初発と違い、再発の場合は内側上顆二次骨化中心裂離の割合がわずかに7パーセント。つまり、骨が欠けた症例はほとんどないと言えます。

　一方で、靭帯損傷も、73パーセントと初発に比べると高くなっていることがわかります。

　肘の内側の最初の損傷は、「骨折と靭帯損傷」と説明しましたが、それが治る過程で、割れた骨は少し変形してくっつきます。もともと、上腕骨の内側には成長軟骨が多くあるため、強度が弱いのですが、割れた骨がくっつくことで軟骨が減り強度が上がっていくのです。そうなると、次にストレスがかかる靭帯の損傷が進んでしまうのです。

　以前は、ジュニアの内側野球肘は骨折や炎症だと言われてきましたが、最近のMRI研究で靭帯損傷も含まれることがわかってきました。

初発内側痛と再発内側痛は違う

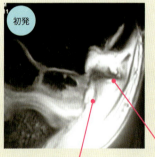

初発
上腕骨滑車部との癒合
尺側側副靭帯の異常
内側上顆二次骨化中心骨折

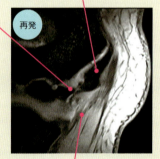

再発
内側上顆二次骨化中心変形
尺側側副靭帯の異常

左は初発例、右は再発例です。初発例は、上腕骨内側上顆の骨折と靭帯の損傷を認めます。再発例は、おそらく初発で骨折したあとちょっとずれたまま変形治癒したと考えられます。靭帯の形がおかしいこと、色がおかしいことから、再発例は靭帯損傷による肘痛だと考えられています。

おとなの肘靱帯損傷は
ジュニア期の障害が原因の一つ

　高校生以上の肘靱帯損傷を調べてみると、ジュニアの時期にできた骨のかけらがある選手は手術になるリスクが高いことが分かっています。

　これは子どもの骨は未熟で軟骨が多く、同じようなストレスを受けてもおとなに比べて壊れやすいことが誘因です。つまり、おとな以上に予防対策が必要になるのです。

　初発（①）は、上腕骨内側上顆の裂離骨折が主な障害部位です。これに靱帯の損傷が合併する例もあります。この原因は、骨折により靱帯への血流が少なくなることが考えられます。

　それが治癒すると（②）上腕骨内側上顆は変形治癒し、靱帯も太くなりますが治癒します。さらに大きなストレスがかかると、変形治癒した上腕骨内側上顆は強度が強くなっているので、周囲の靱帯や骨にストレスがかかります。

　おとなは、これを繰り返しすことによって靱帯の状態が悪化していくと考えられます。

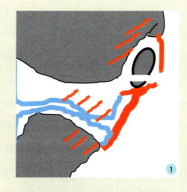

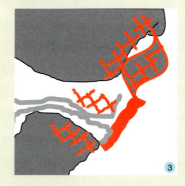

肘に負担がかかる投げ方

第2章
野球障害克服ガイド

肘に負担

がかかりやすい投げ方があることを知っていますか？
　言葉をかえれば、投球フォームのどのときに肘に最も強いストレスがかかっているでしょうか。感覚的ではなく医学的に、投球フォームについて考えてみましょう。

次のページから →

肘関節にかかるストレス（内反トルク）

「内反トルク」という言葉を聞いたことがあるでしょうか？

肘関節にかかるストレスに、直接的に関わってくる言葉です。ボールを投げるときに、肘がしなる感じになります。すると、肘の内側ではこれを抑えようとする力が働くのです。

これを専門用語で、内反トルクと言います。内反トルクがかかればかかるほど、肘の内側に強いストレスが加わることになります。

ここで、右ページの図を見てみましょう。これは投球フォームのどの段階で、内反トルクがピークを迎えるかを示したグラフです。

専門的な言葉で言えば、コッキング期からアクセラレーション期に移る時期に、ピークを迎えているのがわかると思います。

では、内反トルクのストレスを抑えるにはどうしたらいいか。私は肘に優しい投球フォームを、「逆フェーズ法」というやり方でジュニアに伝えています。138ページに詳しく書いていますので、ぜひ参考にしてみてください。

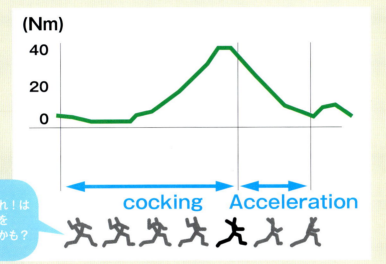

内反トルクと投球フェーズの関係

腕を振れ！は肘を傷めるかも？

　図の内反トルク曲線の値が最も高くなるのは、下に示す投球のスティックピクチャーのコッキングフェーズとアクセラレーションフェーズの移るときになります。
　この時期は、野球で言う「ムチを振る」ようにみえる時期にあたります。この内反トルクが高い時期は、肘の曲げ伸ばし方向と力の加わる方向にずれがあるため、力学的ストレスがそのまま肘を壊す力として作用します。
　この「ムチを振る」時期に大きな力を入れる指導として、「ムチを振れ」や「腕をしならせろ」というものがあります。このような指導は、ジュニア野球選手にとって「肘を壊せ」という指導になってしまいます。
　一方、この「ムチを振る」時期の肘へのストレスを減らす指導法としては、「力を抜いて放れ」、「ボールを前で離せ」、「からだを開くな」、「肘を上げろ」などがあります。いずれも野球界で用いられている言葉ですが、野球経験の少ないジュニア選手にとってみれば、何を言っているのかわからない「野球語」だと思います。

ストレートは肘によくない？
（変化球と肘の内反トルク）

　下のグラフは、12歳前後のジュニアの肘と肩にかかるストレスを、球種別に調べたものです。ストレートを100パーセントとした場合に、カーブは肘・肩ともに91パーセント、チェンジアップは肘が83パーセント、肩が84パーセントという数字が出ています。

　数字を見てわかるとおり、3球種の中ではじつはストレートが最も負担がかかるのです。ストレート＝全力で投げるというイメージが、子どもたちにどうしても強いのでしょう。

　私がチェンジアップをお勧めする理由は、こんなところにもあるのです。プロのようなチェンジアップを投げてみましょうとは言っていません。少年野球ではチェンジアップも変化球と見なされて、禁止になることがありますからね。ストレートよりも遅いスローボールという考えで、投げてみましょう。

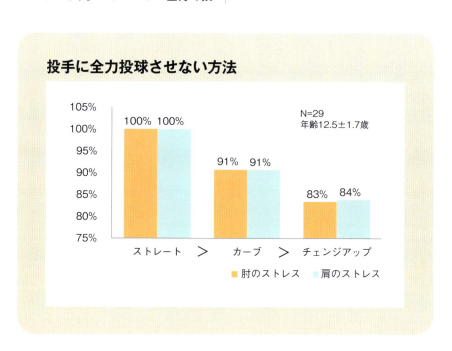

投手に全力投球させない方法

ジュニア野球で変化球を禁止する理由

では、少年野球で変化球を投げてはいけない理由はどこにあるのでしょう。

じつは、おとなのデータにはなりますが、ストレートの肘・肩にかかるストレスを100パーセントとした場合、スライダーは104パーセントというデータがあります。ストレートよりも、肘・肩への負担がかかっているのです。

少年野球で「変化球解禁」とした場合、カーブもスライダーもすべて変化球になります。カーブはストレスが低いですが、スライダーは高い。だからと言って、「カーブは投げてもいいけど、スライダーもダメですよ」とするわけにはいきませんよね。

そう考えると、変化球をすべて禁止にしたほうがルールとしてすっきりする。こういう背景もあるのではないでしょうか。

最近の研究では、球速が上がるほど肘にかかるストレスが大きいことがわかっています。変化球だけではないということですね。

▶ **ストレート**

ストレートの握りを教えることは大切ですが、その結果ボールの回転が良くならないことも小さいお子さんではよくあります。それは、ボールに対して手が小さすぎることが原因の一つですから、手が大きくなるまでは、ボールの回転はあまり気にしなくてもいいと思います。

▶ **チェンジアップ**

ストレートよりチェンジアップの方がじつは肘や肩へのストレスは小さくなります。簡単にチェンジアップを投げる握り方としては、左の写真のように「OK」の形を作って、そのままボールをもつ方法があります。

Shoulder
野球肩編

セルフチェック

肘同様に、肩の痛みもセルフチェックで確認しましょう。野球肘と同じように、ジュニアのときの野球肩はおとなになっても影響を残します。練習前のセルフチェックを忘れずに行ってください。

ジュニアの野球肩の多くは、上腕骨近位骨端線離開、別名リトルリーガーズショルダーと呼ばれる障害が大半です。これを見つけるためにも、ここから紹介するセルフチェックがお勧めになります。

違和感で投球中止

痛みが出る前に、投球時に違和感を覚える場合があります。何らかの信号が、からだから出ている可能性が高いわけですから、投球を中止して、すぐに病院に向かいましょう。

野球肩 セルフチェック

☑ 肩のセルフチェック

チェック1 圧痛

パートナーに、肩にある骨のでっぱりからやや下部分をゆっくりと圧してもらってください。左右差があるかどうか、痛みを比べてみましょう。

圧痛の場所

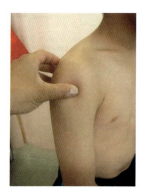
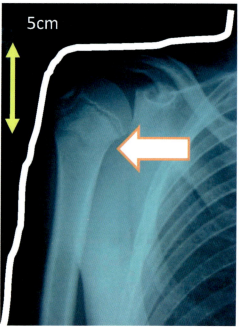

上腕骨近位骨端線離開の圧痛点は、骨端線部にあります。だいたい肩の線から5cmくらい肩の外側下にあります。肩の端から少しずつ下にずらしながら押す方法もわかりやすいですね。

\チェック**2**/
下垂外旋テスト

　下垂外旋テストは、「小さく前にならえ」の姿勢をとり、パートナーが図のように肘の外側と手のあたりを持って外の方に回します。肘はあまり胴体から離さないようにしながら徐々に回していくと、上腕骨近位骨端線離開の患者さんの多くは痛みを感じます。他の投球肩障害では痛みが出にくいテストですので、病院での診断にも利用されています。反対側と比較してみるとわかりやすいですよ。

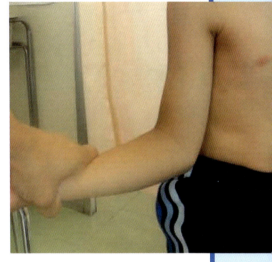

野球肩の障害

第2章
野球障害克服ガイド

ジュニアに多い

のが上腕骨近位骨端線離開で、高校生以上に多いのはインピンジメント症候群と呼ばれる障害です。
　肩に関する障害は、主にこの2つと考えていいでしょう。

次のページから →

上腕骨近位骨端線離開とは？

　すでに紹介したとおり、上腕骨の肩近くの骨端線（骨が成長する場所で、軟骨でできている）が開いてしまう障害です。

　下に異常がある肩と、異常のない肩のレントゲン写真を掲載しましたが、違いがわかるでしょうか。異常があるほうは、骨端線が開いているように見えます。

　対処法は、投球の中止です。一般的には4週間程度中止することで、痛みは消え、軽く投げることから再開します。

　そのあいだは、痛めた肩以外のところのストレッチを毎日30分くらいやりましょう。4週間経ち、病院から投球可能の指示が出たら、まずは大きく腕回しを毎日30回から始めましょう。前から後ろに回したあと、後ろから前に回します。なるべく大きく腕を回して、頭の近くを通るときに腕で耳たぶをはじくようにするといいでしょう。

　この障害は、単純に骨端線という軟骨が開くだけではなく、上腕骨に"ねじれ"ができてしまうものです。このねじれは、高校生以上になってからの野球肩の原因のひとつになることがわかっていますので、なるべく発症しないような努力が必要です。そのためにも、「逆フェーズ法」（138ページ）は効果があります。

　肘と同じように、痛みが出たらすぐに投球をやめることが大事です。痛い中で我慢して投げることだけは避けましょう。

異常のある肩と正常な肩の違い

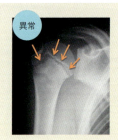
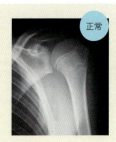

インターナル インピンジメントとは？

　ジュニアではあまり見られない障害ですが、ひとつの知識として覚えておきましょう。

　インピンジメントとは「衝突」の意味ですが、上腕骨と肩甲骨がぶつかって破損する障害です。

　原因の多くはフォームにあります。指導者や野球好きのお父さん方、「胸を張って投げろ！」や「ムチを振るように投げろ」と選手に教えていませんか？

　胸を張ろうとすると、肩関節の中で上腕骨と肩甲骨がぶつかってしまい、肩を痛める原因となります。

　同じように投げていても、からだの柔らかさや筋力の強さなどで痛める選手と痛めない選手がいるので、うまい選手がそう投げているからといって、そのまま真似をするのはやめたほうがいいでしょう。

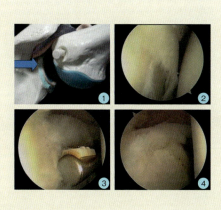

左図は、インターナルインピンジメントの様子を表しています。肩の関節の中で矢印の関節唇と言うところと上腕骨の大結節付近と腱板が衝突（腱板は挟み込まれる）して生じると考えられています。どちらかと言うとジュニアよりおとな（高校生以上）で見かける障害です。柔軟性の低い選手（とくに肩甲胸郭関節）や、投球時にムチを振るように投げる選手、コックアップを肘から行う選手に多いのが特徴です。

2はインターナルインピンジメントで生じた関節唇損傷例の関節鏡写真です。3のように電気メスで削り、4のようになれば引っ掛かりがなくなります。

肩甲胸郭関節の
柔軟性が大事

　肩を痛めてしまう主な原因は、肩関節だけを使って投げようとすることです。これでは、肩にかかる負担が大きくなってしまいます。

　じつは、肩というのは肩甲骨を動かさないで上げようとした場合、120度までしか上がりません。さらに上げようとするには肩甲骨を使う必要があるのです。

　このときにポイントになるのが、肩甲骨と胸郭をつなぐ肩甲胸郭関節の柔軟性です。この関節が固い選手は、肩甲骨を使って腕を振ることができないのです。

肩甲骨の動きを評価する

　肩甲骨の動きを評価するためには、選手は上半身裸となり、評価する人は背中側に位置します。セットポジションでシャドーピッチングをさせると、投球中左上のように肩甲骨があまり傾かないで投げている選手と、右下の図のように傾いて投げている選手がいます。肩甲骨が傾かないで投げると、左上図のように上腕骨と肩甲骨の関節窩という場所が衝突します。このときあいだに腱板も挟まれて"インピンジメント"と言われる状態となりやすいのです。一方、投球中上腕骨の動きに合わせえて肩甲骨が傾くと、このインピンジメントは生じないため肩の障害がおきにくくなります。肩障害を起こしにくい投げ方を習得するときに、この肩甲骨の動きを見ることはとても大事なことです。

Column

アスリートの障害治療、予防、選手育成を行う専門クリニックをオープンします

　本書でも触れているように、大人と子どものからだは違います。どんなスポーツでも、からだができていないジュニア期から、負荷がかかりすぎる練習をしていると、将来に悪影響を及ぼすケガをしてしまうリスクがあります。未来のある子どもたちにはその場限りの結果を求めるよりも、将来のためにケガなく成長してほしい。指導者の方にも正しい指導法で子どもたちを導いてほしいと考えております。

　そんな思いもあって、2019年4月1日に武蔵小杉駅から徒歩5分の地に、野球を中心としたアスリートの傷害治療・予防・選手育成を行う専門クリニック「ベースボール＆スポーツクリニック武蔵小杉」（神奈川県川崎市中原区小杉町 2-228-1）をオープンすることになりました。このクリニックには、野球医学の専門家、スポーツドクター、女性アスリート専門家、ジュニアアスリート育成専門家、栄養士、理学療法士などが在籍。スポーツ医療現場の経験に加え、スポーツ現場での選手育成経験を有するスタッフが、クリニックから現場復帰まで包括的にサポートすることができます。

　野球選手の治療に特化した"野球専門外来"があるのもクリニックの特徴。野球障害の治療を、手術・手術以外・コーチングなど、様々な方法を駆使して行います。多くのハイレベル選手の指導経験から、投球動作指導なども行う予定です。

　また、本書でも紹介している高身長選手の育成という部分でも、身長の伸びにご心配がある方には、骨年齢、採血、体組成測定などを行い、育成のサポートができるようになります。こうした活動を通して、ジュニア期のアスリートを積極的にサポートしていけたらと考えております。

Lumbar spine
野球腰編

セルフチェック

　肘、肩ほどは注目されていませんが、腰を痛める野球選手が目立ちます。「野球腰」と名前を付けてもいいぐらい、野球選手は腰痛に悩まされているのが現状ではないでしょうか。

　医学的に言えば、腰椎疲労骨折（ようつい）や腰椎分離症が多く、腰椎椎間板（ついかんばん）ヘルニアが続きます。

　腰椎疲労骨折とは、腰の骨に繰り返しストレスがかかり、徐々に折れていく病気です。これが治らないで完全に折れたままになってしまうと「腰椎分離症」という状態になります。

　ある論文では、日本人のアマチュア野球選手の平均16.4パーセントに腰椎分離症が認められ、プロ野球では44.1パーセントに認められるというデータがあります。日本人の平均と比べると、アマチュア野球選手で約3倍、プロ野球選手で約9倍の発症率になるのです。

　早い時期に見つけ、腰椎へのストレスを減らす生活をすれば、初期の方はよくなります。

　そのためにも、日々の練習にセルフチェックを取り入れましょう。まずは腰のセルフチェックを紹介します。

野球腰 セルフチェック

☑ 腰のセルフチェック

チェック1

パートナーがこぶしを作り、背中の真ん中に縦にある腰の骨を軽くコンコンと叩いてみてください。

最初はドアをノックするくらいの強さがいいでしょう。痛みがなければ、少しずつ強く叩きながら、腰の骨の下から上に場所を変えて叩いてください。突然強く叩くと逆に悪くなることがありますから、少しずつにしてくださいね。

痛みを感じるようであれば、腰椎疲労骨折（または腰椎分離症）が疑われますから、指導者や保護者に伝えるようにしましょう。

\チェック**2**/

　立ったままの姿勢から、前におじぎして床を触ってみましょう。もちろん膝は伸ばしたままですよ。

　また、今度はからだを後ろに逸らしてみましょう。これでいつもと違って痛みが出たときは、腰の骨に異常がある可能性があります。

\チェック**3**/

　「ケンプテスト」と呼ばれるチェック方法です。立ったまま、からだを斜め後ろに倒してみましょう。痛みがあると、腰椎疲労骨折の可能性があります。

　初期の頃は、片方だけ痛いことが多いのが特徴です。悪化すると、右でも左でも痛みが出ます。

野球腰を予防しよう

第2章 野球障害克服ガイド

ジュニアの時期は野球腰を起こしてから治すよりも、「起こさない」ほうが大事です。なぜかと言うと、野球腰も悪くなってしまうと治らなくなってしまうからです。

ですから、野球肘や野球肩と同じように野球腰を「予防」することが大事になります。

ここでは、野球腰が起きる原因を学んで、野球腰を完全に予防しましょう。

次のページから →

野手に多い野球腰

まずは、下のグラフを見てください。肘・肩・腰の障害を、投手と野手にわけて示したデータです。肘と肩の障害で投手と野手の来院割合には大きな違いはありませんが、腰の障害に関しては野手に起きる割合が80パーセント以上と、圧倒的に多いのがわかると思います。

これだけ顕著（けんちょ）な差が出る理由は、なぜなのでしょうか？ それは、素振りなどの打撃練習のやり方に原因があるのです。

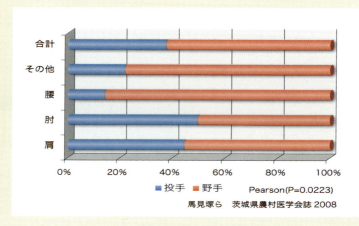

投手には肩・肘の障害が多く、野手には腰椎障害が多い

Pearson(P=0.0223)
馬見塚ら　茨城県農村医学会誌 2008

このグラフは、ある一定期間に野球外来を受診した選手の障害部位とポジションの関係です。肩や肘は投手と野球の割合が同じ程度ですが、腰の障害は野手のほうがずっと多くなっています。これは腰の障害は、投手のプレーよりも野手のプレーと関係が深いことを示しています。

素振りをする意味とは？

　素振りをすることで、打撃のどんなことが向上するのでしょうか？

　素振りで練習できることは、「打撃フォームの技術を学ぶこと」と「打撃のパワーやスピード、パンチ力をつけること」ですね。

　ちょっと話を変えて、「書道」について考えてみましょう。書道を習いに行くと、まずは先生の書いた「お手本」をそばにおいて、真似をして字を書きます。それを先生が添削してくれて、また同じ字を書きますね。これを繰り返していくうちに字が上手になっていきます。

　ところが、学校でたくさん字を書いても、なかなか字は上手にならないですよね。

　字を上手に書く「技術」を身につけることは、うまい人の真似をして、うまい人から習って、また真似をして習うことの繰り返しが早道であることを示しています。決して、たくさん書けばうまくなるというものではありません。

　打撃では、書道と同じように「技術」を習うことと、ピッチャーの投げたボールをしっかり打ち返す「パワーやスピード」を向上させる必要があります。

　「書道」でいくらたくさん書いてもうまくはならないように、打撃もたくさん振ってもなかなかうまくはなりません。打撃をうまくする早道は、「うまい人にうまい打撃を見せてもらい、打撃フォームのコツを習い、またうまい打撃を見せてもらう」という繰り返しをすることであるはずです。そうやって、うまい打撃の「技術」をつけることが第一歩だということです。

　ところが、うまい人のうまい打撃を見たり、そのうまい人に習ったりせずに、ただただ「たくさん振ればうまくなる」とは思っていませんか？　書道で言うと「うまくない字をたくさん書いているだけ」という練習になっているのではないでしょうか？

　「うまくない打撃フォーム」を何度も練習しても、早くうまい技術がつくわけではありません。それどころか、「下手な技術を体に覚え込ませているだけ」かもしれませんよ。

　「技術」を習得するためには、どの分野でも「うまい人の技術を見て、うまい人に習う」のが基本です。まずは、うまい人の技術を習得するような、練習方法を考えることが重要ではないでしょうか。

素振り練習の弊害

　前のページにも書いているように、素振り練習はうまい人の技術を学ぶことが大事です。

　ところが、技術を学ぶ前に「パワーやスピード」をつけるために数多くの素振りや「トスバッティング（よくティーバッティングと間違われていますが）」をしている選手を見かけます。素振りの本数を設定して練習することで、指導者にも子どもたちにも達成感が生まれやすいことが理由かもしれませんし、「素振りは打撃の基本」という野球界に流れる考え方があるかもしれません。

　しかし、素振りはやり方ひとつで野球腰につながる危険があるので以下の点に気を付けたほうがいいでしょう。

① **素振りは、まずは適切な打撃フォームを習得し、そのあとパワーやスピードを付けるようにしたほうがよいでしょう。**

② **素振りで重いバットを使うときは、体にあったバットを用いたときの打撃フォームと同じように振れるものを選ぶとよいでしょう。**

③ **素振りをする際は、打撃フォームが崩れない程度の回数がよいでしょう。**

　素振りは、振り過ぎで疲れてくると、腰の回転が止まるべきところで止まらなくなる「オーバースイング」という現象が起きやすくなります。これによって必要以上に腰椎がねじられ、野球腰につながってしまうのです。

からだに合わない重すぎるバットを使うと、フォローで止めることができず腰が大きくひねられてしまいます。

こういう状態を「オーバースイング」と呼んでいますが、おそらく腰椎の回旋可動域を超えるようなストレスがかかり、腰椎疲労骨折の原因となると考えられます。

奈良らの研究によると（2010）、小学生におとな用バットでスイングをさせると、1）インパクト付近でバットヘッドのスピードが落ちる、2）インパクト付近で「バットヘッドが走る」という現象が抑制される、3）インパクトからフォローにかけてバットヘッドが下がる、4）いわゆる「肩の開きが早い」という現象が観察される、5）腰部へのストレスが大きいことが指摘されています。

このように、からだに比して重すぎるバットでの練習は、腰椎の障害リスクを増やすばかりかパフォーマンスも低下させる可能性があることを指導者には知ってほしいです。まず、いつも使っているバットで打撃フォームの習得とスイングスピードの向上を達成したあとに、いつも使っているバットより「少し重い」バットでの練習が望まれます。

からだに合わない重いバットは、オーバースイング（まわりすぎ）となり、腰椎疲労骨折につながる可能性がある

腰は回らない

　指導者はよく「腰を回せ！」と教えていますが、実際に腰はほとんど回りません。「腰を回せ！」と言いすぎると、選手はその言葉どおりに受け止めて、回らない腰を一生懸命回そうとしてしまいます。回らないものを回そうとすれば当然、故障のリスクは高くなりますよね。

　実際に回るのは、踏み出し足側の股関節です。腰ではなく股関節が回ることをぜひ、子どもたちに伝えてほしいと思います。

「腰を回せ」とよく言われますが、写真のように腰部はほとんど回旋せずに踏み出し足の股関節が回っています。腰を回すと（腰椎をひねると）、あまり回らない腰椎は疲労骨折を起こしてしまいます。

クローズドステップに注意する

　つま先をホームベース方向に向けて踏み出すクローズドステップで打っている選手を見かけます。このステップでは骨盤を投手方向に向けづらくなり、その代償として腰椎がねじれてしまう弊害があるのです。

　プロ野球選手の中にも、クローズドステップで打っている選手がいます。しかし、よく見てみると、コースによって踏み出し足のつま先の角度を変えているのです。

　たとえば、イチロー選手はインコースを打つときはつま先を45度程度に開き、アウトコースを打つときはつま先を閉じてステップしています。一流のプロだからこそできる、芸当でしょう。

　ジュニアのうちは腰に負担もかかるので、クローズドステップは避けたほうがいいと思います。

踏み出し足の過剰なクローズドステップに注意

踏み出し足の位置に注意してください。左のようにつま先がややピッチャー方向を向いていれば十分にフォローの姿勢まで持って行けますが、右のようにクローズドステップだと、十分にフォローの姿勢にはなりません。スイング中は勢いがあるため、この写真の位置以上に回旋してしまいます。そのときに、腰椎に回旋ストレスがかかり、腰椎疲労骨折が起きてしまうと考えられます。

\ Change your mind! /

The baseball medicine

第3章
高身長選手の育成

1 2 **3** 4

成長余地を残した選手の育成

第3章 高身長選手の育成

小学生や中学生の野球で勝つためには、早く成長した選手を集め、技術力、戦術力、体力、メンタルと全て『鍛える』コーチングを選択することです。しかし、そうやって育成された選手は、早い時期から野球肘・野球肩・野球腰に悩まされることが多いのです。また、このような野球障害によって、高校、大学、社会人と痛みで困る選手がたくさんいます。さらに、成長期に大人と同じ指導法で「鍛えられて」、成長の余地が小さくなってしまう場合もたくさんあります。こういう選手は、小中学校ではレギュラーでも、高校や大学、その後に成長余地を残した育成をされた選手に追いつかれることがありますね。

　もう一つ大きな問題は、成長の早い時期に高負荷練習をすることで、身長の伸びが抑えられてしまうことが挙げられます。2016年の日本プロ野球機構の開幕一軍選手の平均身長は182㎝です。一般的な日本人男性の平均身長は170㎝程度ですから、平均で12㎝も大きい選手がプロ野球選手になっていることになります。最近、この身長を大きくするという研究分野が進んできて、これまで遺伝だからしょうがないとあきらめていた身長を伸ばすことができるようになってきました。

　このように、将来身長が大きくなり、野球障害で困ることなく、高いパフォーマンスを出すような選手育成法考えてみましょう！

次のページから →

身長を評価してみよう

では、まずはお子さんの身長の伸びがどのような状態であるか評価してみましょう。準備するものとしては、母子手帳、これまでわかる範囲の身長と体重などのデータです。身長、体重、などのデータは、学校の保健室に問い合わせると教えてくれますし、もし卒業していれば、卒業後5年間は保存義務がありますので問い合わせることで教えてくれることと思います。

データがそろいましたら、成長曲線（身長と体重）、予測身長、成長速度曲線のグラフを作ってみましょう。アプリはone tap growthを用います。https://www.euphoria.jp/service/growthにアクセスすると、アプリの概要が分かります。まず、身長、体重と大まかな測定月を入力します。そうすると、身長と体重の成長曲線、1年間にどのくらい伸びたのかがわかる成長速度曲線が出てきます。遺伝的な父親と母親の身長を入力すると、遺伝的影響のみを考慮した予測身長もわかります（本書発売時にはまだアプリが開発中です）。

〈成長のフェーズ〉

左図は成長のフェーズを成長速度曲線で示したものです。第二次性徴の急激な身長の伸びが始まる11歳前後までをフェーズⅠ、急激に身長の伸びが大きくなる時期をフェーズⅡ、その後急速に身長の伸びが小さくなる時期をフェーズⅢ、身長の伸びが1cm/年以下となった時期をフェーズⅣと呼びます。

成長曲線と予測身長の
グラフの見方（図1）

　図1は順調に成長したある選手の成長曲線と予測身長のグラフです。身長の伸びが良いのかどうかがわかります。通常、身長の平均曲線や標準偏差の曲線に沿って伸びていれば順調な成長ということになります。また、−1SD（標準偏差）、−2SDと標準偏差の曲線より下に行けば行くほど身長の伸びが悪いことを示します。予測身長は、遺伝的な父親と母親の身長から計算した値で、これに妊娠中から今までの生活環境、例えば栄養状態、睡眠状態、運動の程度などが関係して今の身長になっているわけですね。

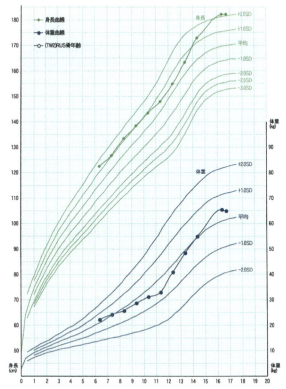

図1

成長速度曲線の見方
（図2、3）

　成長速度曲線は、1年間の身長の伸びを示したプロットグラフです。生まれたときが最も身長が伸び、その後テイクオフエイジと呼ばれる第二次性徴の開始時期までを前思春期（フェーズ1）と言います。前思春期は、年齢が上がるごとに身長の伸びが小さくなる傾向があります。テイクオフエイジを過ぎると、急激に身長の伸びが大きくなり2年程度でピークを迎えます（フェーズ2）。その後2〜3年程度で急激に身長の伸びが小さくなり（フェーズ3）、第二次性徴は終了して身長の伸びも1cm以下になってしまいます（フェーズ4）。

　図3は、野球肘のひとつである「上腕骨小頭離断性骨軟骨炎」で手術を受けた選手の成長速度曲線です。通常、第二次性徴の時期は成長速度曲線の山は1つです。ところがこの選手は、第二次性徴の時期に山が3つありますね。選手の話によると第二次性徴の最初の

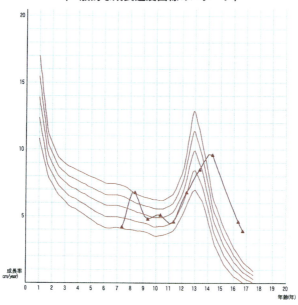

〈一般的な成長速度曲線のパターン〉

図2

山のころから野球の練習が厳しくなり、長時間休みなくやっていたそうです。夜の帰りも遅く、食欲も減り睡眠時間も短かったようです。その後、肘の手術を受けて、練習も参加できないため早く自宅に帰り、食欲も増え、睡眠時間も長くなったようです。この手術後の時期に第2の身長の伸びの山があります。手術後、みんなからの遅れを取り戻そうと、以前の練習量、練習時間、睡眠時間に戻したようで、この時期に再び身長の伸びが小さくなっています。このように身長の伸びが途中で減速している確固たる理由わかりませんが、食事の改善、睡眠の改善、運動量の減少などが大きく影響したのだと考えています。それでは次のページから、どの要素が身長の伸びに影響するのか、どのように選手育成との両立を考えたらよいのかご紹介しましょう。

〈手術で練習を休んだ時期に大きく成長した選手のパターン〉

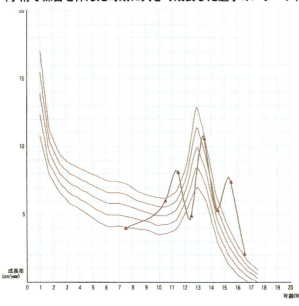

図3

栄養評価

第3章
高身長選手の育成

高身長アスリートを育成するための第一歩は、栄養です。栄養と言われるとなんとなくしっかりやってるよ！と感じられる方が多いかと思います。私もそのように思っていましたが、研究を始めてみるとたくさん課題があることがわかってきました。それではいくつかの代表的な項目について、ご紹介したいと思います。

次のページから →

相対的エネルギー不足（図4）

まずは、相対的エネルギー不足について。相対的エネルギー不足とは、簡単に言うと食べるエネルギー量に対して使うエネルギー量が多いことを示します。使うエネルギー量とは、基礎代謝量、身体活動レベルに応じたエネルギー、成長に使われるエネルギーを合わせたものです。基礎代謝量と言われるまるっきり寝たきりでもからだが使うエネルギー量のことで、車で言うと「アイドリング」で使われるエネルギーのことです。また、この基礎代謝量は、アスリートでは筋肉量が増えると増加することがわかっています。つまり、筋肉が多い選手や身長の高い選手、激しく運動している選手、身長が急に伸びつつある選手は、使われるエネルギー量が多くなり、相対的エネルギー不足になりやすいのです。身長が大きく伸びつつある時期は、身長の伸びに大きなエネルギー量を必要としますので、筋肉を増やすことや、激しい運動を繰り返すことを控えた方がよいということになります。新しいビルを建築しているときに、必要な材料を他で使ってしまうと大きなビルを建てられないことに似ていますね。

この相対的エネルギー不足は、BMI（ボディーマスインデックス＝身長/体重の二乗）や、体脂肪率、採血検査の総コレステロールや総蛋白を調べることで評価できます。

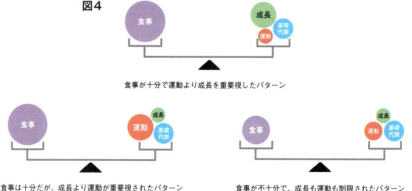

図4

食事が十分で運動より成長を重要視したパターン

食事は十分だが、成長より運動が重要視されたパターン

食事が不十分で、成長も運動も制限されたパターン

亜鉛欠乏症

亜鉛という金属がからだの中で大きな役割を果たしていることはあまりご存じないかもしれません。おおよそ300くらいのからだの中の酵素に関係していることがわかっています。とくに、アルカリフォスファターゼが働くために亜鉛が必要ですが、このアルカリフォスファターゼは骨が成長するために必要な酵素です。また、細胞が分裂するときに必要なDNAポリメラーゼにも、亜鉛が必要なのです。このように、亜鉛は成長期に絶対必要な金属なのですが、成長期の選手に採血検査をしてみると、低値を示すことが多いのです。とくに亜鉛は筋肉に多く含まれており、筋肉の多い選手は欠乏しやすくなります。

この亜鉛欠乏症の症状としては、皮膚炎や脱毛、貧血、味覚障害、発育障害に加え、食欲低下や下痢などもあります。つまり、急激に身長が伸び始めたときに激しい運動をすると、そうでなくても足りない亜鉛が筋肉に取られてますます欠乏してしまいます。その結果、食欲低下や下痢になりやすく、さらに食が進まないという悪循環となります。亜鉛欠乏症が疑われるような状態では、練習を休むか練習量を減らすことが重要なのです。

亜鉛欠乏症を予防する食事としては、最も効果的なのは牡蠣（カキ）を食べることです。でもなかなかお子さんは牡蠣を食べてはくれないので、豚肉のレバー、牛肉、卵などを多めに食べるとよいでしょう。このような食材は総コレステロールが高いと気にされる方が多いのですが、亜鉛欠乏症の選手の多くが総コレステロールも低値なので、あまり気にする必要性はなさそうです。ご心配ならクリニック等で採血検査を受けるとよいでしょう。

表　亜鉛の多く含まれる食材
（100g 中 mg）

食材	mg	食材	mg
牡蠣（生）	13.2	牛肉（尾/テール）	4.3
豚肉（レバー）	6.9	たいらがい	4.3
ほや	5.3	牛肉（ひれ）	4.2
牛肉（肩）	4.9	たまご（卵黄）	4.2
かに缶	4.7	はまぐりの佃煮	4.2
牛肉（肩ロース）	4.6	牛肉（ミノ）	4.2
牛ひき肉	4.3	牛肉（もも）	4.2

睡眠と運動

第3章
高身長選手の育成

身長を伸ばすために必要なものとして「睡眠」と「運動」も大切ですね。
　最近は研究が進み、いろいろなことがわかってきました。ここでは睡眠や運動をどう考えればよいかについてご紹介いたします。

次のページから →

睡眠の質を上げる方法

　栄養のほかにも身長の伸びに大きく影響するのが睡眠です。野球部に所属していると練習時間が長く、勉強との時間配分に困り、なかなか身長を伸ばすのに十分な睡眠をとっていない選手が多くいます。最近は睡眠の研究が進み、様々なことがわかってきましたが、十分な睡眠とはどのような睡眠なのでしょうか。

　結論から書きますと、まだ最適の睡眠時間はわかっていないのです。ですから、選手自身が日々の生活の中で最適な時間を探すしかありません。最初に考えていただきたいのが、学校や野球が休みの日に何時間くらい寝ているかです。平日との睡眠時間に大きな差があるということは、日ごろの睡眠時間が少ないことを示します。また、朝なかなか起きられないのも、睡眠時間が少ないことを示すでしょう。さらに、毎日同じ時間に寝ることも大切です。身長を伸ばすために重要な成長ホルモンは、毎日同じように寝た方がたくさん出ることがわかっています。また、外来にきた選手たちには、小中学生は毎日同じ時間にベッドに入り、8～10時間くらい寝るようにしましょうと説明しています。

　最近の研究では、睡眠の質を上げることが大事だといわれています。とくに、入眠後最初の90分の間にどのくらいぐっすり眠ることができるか？が、身長の伸びに関係する成長ホルモンの分泌量に影響するといわれています。睡眠の質を上げる方法としては、①入浴の仕方、②クーラーの使い方、③部

屋の明るさ、④マットレスの選び方、などが挙げられます。

入浴の仕方ですが、入眠の前にちょっと熱めのお風呂に（40〜41℃）10分程度入ることで、深部体温を上げることが良眠につながります。これは、深部体温が上がると皮膚の血管が開いて体温を下げようとするため、深部体温と皮膚温の温度差が小さくなることが関係しています。これは寒い時期だとこのままでぐっすり眠ることができるのですが、暑い時期は②のクーラーの使い方が重要になります。入浴後は皮膚から熱を逃がさなければなりませんが、暑い時期はなかなか熱が逃げません。このため入浴前に寝室のクーラーを寒いくらいに下げておくと寝具も冷えて眠りやすくなります。

寝る前にそれぞれの眠りやすい温度に設定しなおすと、皮膚温も下がり、かといって冷えすぎることなくぐっすり眠ることができると思います。

部屋の明るさですが、これは暗い方が良いと思います。ところが携帯電話を寝室まで持ち込んでしまうと、携帯電話のブルーライトを寝る直前まで見ることになり、良眠を妨げます。携帯電話を使うのは、入浴前までとするのが良いでしょう。

マットレスの選び方も重要です。良眠のためには、高反発で寝返りをしやすいこと、5cm以上の厚みがあって「底打ち感（床とぶつかる感じ）」が出ないことが重要です。このような工夫をして、ぐっすり眠るようにしましょう！

適度な運動

　身長が大きく伸びるためには、「適当な運動量が必要」と言われています。運動をすると、男性ホルモンであるテストステロンがたくさん出るためです。しかし、外来に来る選手たちの検査をすると、練習時間が長すぎてトレーニングの負荷量が多く、122ページでご紹介した相対的エネルギー不足になっている場合が多いのです。この相対的エネルギー不足は身長の伸びを抑えることになりがちですから、痩せにならない程度の運動量を設定することが重要ですね。そうなると、これまでの日本野球がやっていた「頑張れ、頑張れ」、「いつも全力で」という考え方ではなく、「どの運動を優先的に行うべきか？」という考え方が必要になるのです。

(C) す〜ロン - stock.adobe.com

The baseball medicine

第4章
知っておきたい技術と知識

1 2 3 4

長期選手育成を目指した技術と知識

第4章
**知っておきたい
技術と知識**

この章では、指導者のみなさんに知っておいてほしい野球の技術や知識を紹介します。ただ、やみくもに練習するのではなく、そこに理論や根拠があれば、子どもも納得して練習に取り組みますよね。
　私が常に考えているのは、高校生、大学生になったときに、野球障害で悩む選手を少しでも減らすことです。そのためには、ジュニア期の指導がとても大事になります。

次のページから →

パフォーマンスを構造化する

　指導をするときに、まず知っておきたいコーチング学の知識は、「パフォーマンスを構造化する」ということです。これは、選手が十分にパフォーマンスを出せない理由が、技術力の問題なのか、戦術力の問題なのか、体力の問題なのか、知的・心的能力の問題なのか、そしてパフォーマンスの前提条件の問題なのか分けて考えることです。さらにその構造別に課題解決の優先順位を決めることです。

　技術力とは「その場面で最も効率的な動き方に適応できる能力」とされています。例えば、アウトコース低めに速いボールを投げるための動作も技術力ですし、送りバントをされたときに投げたいベースの方向にからだを上手に動かす能力も技術力です。

　戦術力とは試合で現れる個々の状況に対して個人やチームで方策を練ることや、そのための準備を練習ですることです。投手が相手チームの盗塁を予測して"ウエスト"することや、打者がバントシフトを予測して、バスターを行うことなどがその例です。

　体力は、スポーツを行うためにからだを動かす力のことであり、運動をするための筋力と瞬発力、運動を持続させるための全身持久力と筋持久力、運動の調整に必要な平衡性、敏捷性（スピード）、巧緻性（巧みさ）、柔軟性などがあります。

　心的・知的能力は、モチベーションを高めることや新しいことを学ぶ姿勢、メンタルトレーニングをすることなどがあてはまります。

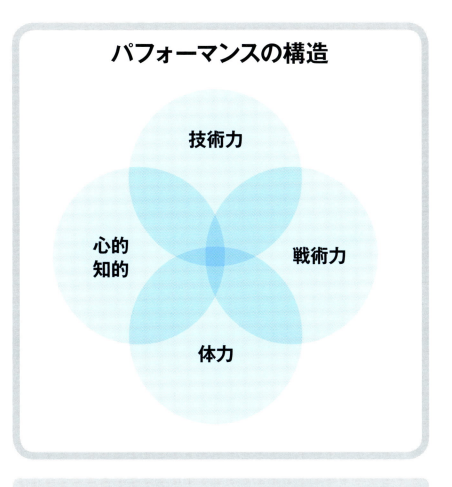

パフォーマンスを構造化する

　パフォーマンスの前提条件としては、身長が大きいや体格がよい、動体視力がよいなどがあてはまります。

　このような技術力、戦術力、体力、心的・知的能力、パフォーマンスの前提条件を分けて考えることで、試合で出たプレーの課題が、どの構造の問題なのか？と考えるのかで練習方法が変わってきます。例えば、ノーアウトランナー一塁でショートがゴロをエラーしてダブルプレーを取れなかったときは、技術力であるゴロへのグラブの出し方に問題があったのか、戦術力であるショートの守る位置がよくないためにギリギリのタイミングとなってエラーしたのか、体力である敏捷性が足りないためにスタートが遅れたのか、心的・知的能力である相手の戦術の想定ができていたのかや、このような状況での緊張感のコントロールができていたのか？で、その後の課題設定と練習法が変わってくることでしょう。それぞれの構造の課題を考えたあとに、課題解決までの時間や試合までの日程などのスケジュールを考えて課題解決法の"優先順位"をつけることが必要です。例えば、2週間後の試合に向けて課題解決するときは、一般に課題解決に時間のかかる体力要素を選ぶのは妥当ではありません。また、心的能力の改善は、一般に特殊な技能を持ったメンタルトレーナーのサポートを必要とします。このような専門家のサポートを受けられないのであれば、課題解決の優先順位を下げたほうがよいでしょう。

　一方、これらのパフォーマンスの構造はそれぞれに相互作用があるので、完全に分けることができません。ですから、選手が課題解決を図るためにパフォーマンスを構造化するように伝えるとともに、指導者も一緒に考えてあげることが有効でしょう。

技術力の階層構造

「ランナーなしでショートゴロを受けて一塁に投げること」と「ランナーが一塁にいて盗塁したときのショートゴロを受けてダブルプレーを取ること」では、プレーを構成する要素に違いがあります。前者は、打球に合わせて捕球し、一塁に投げるという2つの技術力で構成されています。一方後者は、相手チームの戦術を予測し、盗塁をしないかランナーの動きを評価し、打球を捕球し、二塁に投げるべきか一塁に投げるべきか判断し、送球するという4つ技術力で構成されています。とくに、ランナーがいる時点で打球とランナーの2つの要素を考えながらプレーしなければならないように、この2つのプレーには大きな違いがあります。このように、比較的単純なプレーであるランナーなしの場合と、ランナーがいる場合で求められる技術力のレベルに違いがあることから、「技術力の階層構造」を考えて練習するとうまくなりやすいのです。

ですから、ショートゴロゲッツーでエラーをしたときは、取って投げるという基盤となる技術力に問題があったのか、ランナーが気になったためにエラーをしたのか分けて練習法を考える必要があるのです。

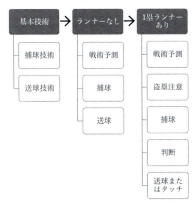

技術力階層構造例（遊撃手を例に）

技術力を向上させるための5ステップ

　技術力を向上させるためには、わかりやすい方法があります。それは、他の技術力向上の方法を参考にするとよいのです。例えば書道教室に行ったときは、まず、先生が生徒の前でお手本となる字を書くのを見せます。生徒は、先生のお手本やその書き方を真似しながら自分で書いてみます。先生は生徒の字や筆の動かし方を見て、「こうすればいいんだよ」とコツを教えてくれます。生徒は先生の真似をして何度も書いているうちに、先生の字のように上手になってきます。何度も書いている間に、先生は生徒の字の上達したところをほめて次の課題を見せてくれます。ほめられた生徒はうれしくなり、何度も練習をするのです。

　これは野球でも同じです。①理想とする運動技術の把握（真似をするべき技術を教えてもらったり決めたりする）、②真似ぶ（真似をして学ぶ）、③コツとカンを学ぶ、④量質転化（量をこなすことで質が上がること）、⑤ほめるです。まずは、誰のどんな技術力を真似するのか、指導者と相談することから始まります。また、その技術は実際のプレーや録画した動画を繰り返し見ることが大切ですね。

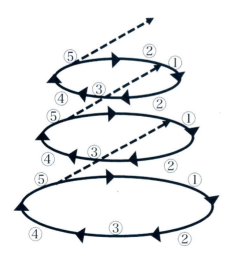

① 理想とする運動技術の把握
② 真似ぶ
③ コツとカンを習う
④ 量質転化
⑤ ほめる

「動感」を「促発」するとは？

技術力を向上させるためには、理想とする動きを把握して、真似て、コツやカンを習って、繰り返し量質転化を図って、次の課題に進むと説明しました。例えばピッチングを指導するときに「もっと前で離せ」や「もっと下半身を我慢しろ」などのように、「コツ」を教えている場面を見かけます。この「コツ」のような動いている感じを「動感」と呼びますが、指導者が選手に動感を教えるときに知っておきたいことがあります。

まずは、動感は個々のプレーヤーで違いがあることがわかっています。例えば、指導者がもっと「ボールを前で離せばいいのに」と感じても、そのように指導された選手の「ボールを前で離す動感には違いがあるため、指導者の思った通りの動きにはなりにくいのです。このように、指導者の感じた動感をそのまま言葉で選手に伝えて動作を変えることは難しいので、選手によき動感を「促発（＝選手自身の中で動感が生まれることを促す）」するという理解が大切なのです。指導者の言葉のとおりに選手が動けないと考えた方がいいでしょう。

では、どのような方法で、選手によき「動感」を「促発」したらよいのでしょうか？　それは、技術力向上の5つのステップで示した「理想とする選手の動画を見せて真似する」や、選手自身の動作を動画にとり、客観的に動作を確認してもらうのも一法です。他にも、「アナロゴン」というよく似た動きを教えることも有効です。例えば、メジャーリーグで取り組まれるようになったフライボール革命ではいわゆるアッパースイングで打つことが推奨されていますが、これがうまくできない選手には「刀で下から上に切るように打つとよい」というアナロゴンを教えています。また、ピッチングで脱力できない選手には、「体が釣り竿のようになったつもりで投げて」と伝えるようにしています。

「逆フェーズ法」

ここでは、投球フォームの技術力向上をご紹介します。

来院してきた選手には、野球障害の治療とともに、投球フォームの指導も行っています。フォームが悪ければ、肘や肩が治ったとしてもまた再発する可能性があるからです。

私のフォーム指導は「逆フェーズ法」という考えです。「逆フェーズ」の言葉のとおり（「フェーズ」は「段階・局面」の意）、投球の終わりの部分から指導していきます。プログラムは3段階にわかれていて、1つの段階を習得できてから、次の段階に進む方法です。

4ステップにわける

投球フォームには、それぞれのフェーズごとに言葉がつけられています。

人によっていろいろな考えがあると思いますが、私は①加速フェーズ→②コックアップフェーズ→③セットポジション→④ワインドアップの4つのステップにわけた指導です。

ステップ1やステップ2のように、動作の習得を部分に分ける方法を「分習法」と言います。また、ステップ3やステップ4のように全体的に習得する方法を「全習法」と言います。逆フェーズ法は、両方のよいところを取り込んで、選手によき動作を促発する方法です。なるべく選手自身の内省（自分で振り返る能力）を高めながら、練習するとよいですね。

ステップ１
加速フェーズから
フォロースルーまで
→ P140

ステップ２
コックアップから
フォロースルーまで
→ P148

ステップ３
セットポジション
投球
→ P153

ステップ４
ワインドアップ
→ P158

1 「野球医学」基礎講座

2 野球障害克服ガイド

3 高身長選手の育成

4 知っておきたい技術と知識

第1段階
ステップ1

腕の姿勢

　まずは軸足に体重を乗せ、体幹をやや投球腕側（右投げなら右側）に倒しながら、体幹につけていた投球腕の肘を曲げて、こぶしが後頭部近くに来るようにします。逆の手はグラブを持っているイメージで、目標を定めるようにして顔の前に置いておきましょう。

　投球腕の肘の角度は90度を少し超えるくらいがいいと思います。その理由は、回転半径を小さくしたほうが肘にかかる力学的ストレスが小さくなるからです。これは慣性モーメントという物理現象で説明されます。

ステップ1のポイント

⇒ 投球腕の肘を曲げて、こぶしを頭の後ろに
⇒ 体幹をセカンド方向にステイバック
⇒ 腕よりも体幹をしならせる
⇒ ステップ足にしっかり荷重して
　顔の前をたたくように投げる

第 1 段階　ステップ 1

Point 2　ステイバック

　体幹の動きにはいくつかの説がありますが、野球医学では体幹を一度投球腕の方向（右投げなら右方向）に倒してしならせる「ステイバック」をお勧めしています。写真のように投球側の肩が非投球側の肩より下がる感じです。このとき、体幹に力を入れないで「しなる」ように体幹を動かすように教えています。また、なるべく投球腕をはじめの位置から動かさないようにしたほうがよいでしょう。

Point 3 腕よりも体幹をしならせる

野球現場では「腕を振れ」と指導されることが多いのですが、この指導では選手は「腕を主に振れ」と誤解しがちです。質量が全体の約48％を占める体幹の速度をちょうどよいくらい速くすることが、ボールを加速するエネルギーの源です。体幹を投球側から非投球側にしならせることをここでは習得していただきたいですね。

第1段階 ステップ1

Point 4 顔の前をたたくようにシャドーする

第1段階 ステップ1

ステップ1の全体チェック

　それではステップ1の全体をチェックしてみましょう。まずは、写真のように投球腕の肘を曲げて手を頭の後ろに置きます。このとき肘はあまり上げないほうがよいでしょう。次に体幹を投球方向と逆に倒していきます（ステイバック）。このとき体幹を十分に脱力することで体幹をしならせることができます。ステイバックのまま投球方向に平行移動すると、体幹はやや投球腕側に傾斜したまま踏み出し脚が地面に設置します。設置したあと、ちょうど顔の前あたりをたたくようにシャドーするとよい動感を経験できます。

第2段階
ステップ2

　ステップ2では、ステップ1で習得した体幹のステイバックと加速フェーズの投球腕の動感に加え、主に投球腕のコックアップの動感を促発することを目的としています。この投球腕のコックアップには、投球側の肩が内旋位（肘が手より上の状態）で上げていく方法、逆に外旋位（肘より手が上がるような状態）、その中間の中間位で上げる方法の3つに分類しています。内旋位コックアップは、球速が最も速いのですが、肩肘のケガが多いのであまりお勧めしていません。とくに成長著しい小中学生は、外旋位コックアップがお勧めです。ここでは、外旋位コックアップを習得してみましょう！

ステイバックとともに投球腕を下げて肘を曲げる

　まずは、投球腕を下の方にたらしながら **1**、体幹を非投球側（マウンドならセカンド方向）に徐々に傾斜させます（ステイバック）**2**。体幹の傾斜が最大になったころに肘をセカンド方向に曲げていきます **3**。このときなるべく脇が開かないように意識してもらいます。手が後頭部付近まで曲がったら、ステイバックの位置から顔の前方に想像させた水面を"パチン"とたたくようにして投げてもらいます。

　このステップ2がうまくいくと、選手は「なんだか前でボールを投げている気がします」や、「投げやすい感じがする」と言ってくれます。

　タイミングは、①ステイバックしながら腕を下げる、②肘を徐々に曲げる、③顔の前をたたくという感じで、「1、2、3」と声を出しながら行うといいでしょう。また、このとき大切なのは脱力することです。

第2段階 ステップ2

Point 2 写真のような投球腕の軌道がお勧め！

第2段階 ステップ2

Point 3 子どもは外旋位コックアップ

　下写真左のように、肘が先に上がるフォームはよく見かけますが、肩肘の痛みで病院に来る選手が多い投球フォームです。これを内旋コックアップと呼んでいます。一方、下写真右のように、肘より先に手が上がるような投げ方は外旋位コックアップと呼んでいますが、このフォームはケガが少ないため、選手生命を伸ばすためにはこの外旋位コックアップをお勧めしています。

左は肘から上げようとするあまり、手が頭の近くに来なくなっている。
右のように、肘が上がると同時に手が頭の近くに来ることが大切。

Point

コックアップのポイント
⇒ 踏み出し脚が地面に接地するタイミングで、
　投球腕の位置を見ましょう！

第3段階
ステップ3

Point 1 ステップ足の膝を脇のあたりまで上げる

　ステップ3では、セットポジションからリリースまで一連の流れでシャドーピッチングを行います。

　ここで加えるのは、左足の動きです。左足を大きく脇の下まで上げましょう。上原浩治投手をはじめ、プロの一流ピッチャーは足を高く上げています。膝が高く上がらない選手は柔軟性が不足していますので、ストレッチの量を増やすとよいでしょう。

　下ろし方も重要です。踏み出し足のかかとで、軸足のすねの外側をこするイメージで下ろしながら、前へ踏み出してみましょう。こうすることで、左右の重心バランスを保ちながら投げることができると思います。

第3段階 ステップ3

ステイバックできているかな？
外旋位コックアップになってるかな？

最初はフェーズごとに止めて投げながら、これまで学んできたことを確認するといいでしょう。

まずはシャドーピッチングで ゆっくり投げてみよう

　選手が投球フォームを習得するときは、まずはシャドーピッチングで練習するといいと思います。これはジュニアに限らずハイレベルな野球選手がフォーム修正するときも同じようにしています。

　シャドーピッチングは、ボールを持っていないため肘へのストレスがほとんどなく、逆フェーズ法のようなドリルを練習するときに習得するのが簡単になります。また、自宅など狭いところでも練習できるのは利点の一つです。

　とくに野球を始めたばかりのお子さんは、先に始めたお子さんに負けないように頑張ってしまいます。この頃は、野球肘のリスクが高い時期のひとつになります。

　よくタオルなどを持ってシャドーピッチングを行う方法を見かけますが、最初の方法としてはレベルが高いので行っていません。

　一連の動きを、ゆっくりとした動作でやってみましょう。子どもに伝えるときは「スローモーションで投げてごらん」と言うとわかりやすいと思います。

　ゆっくりやると、見た目以上に難しくなります。たいていの子どもは、足を上げて下ろすときに、すぐに地面に着いてしまうのではないでしょうか。これは、重心のバランスが取れていない投球動作になっていると考えられます。この「重心バランス」を取りながら投げることによって、「下半身で投げる」や「突っ込まないで投げる」や「早く開かない」投げ方が習得できます。

　突っ込みを矯正するためにお勧めなのが、このスローモーションでのシャドーピッチングです。ゆっくりとしたフォームで、からだが倒れないように投げるには、左右の重心バランスを保ちながら投げる必要があります。頭がキャッチャーのほうに先に動いてしまうと、当然倒れてしまいますね。

第4段階
ステップ4

 ワインドアップ

　ワインドアップ投法は最近あまり用いられなくなっていますが、ケガ無くパフォーマンスを育成するために習得しておきたい投法です。最近はプロレベルを含め、ワインドアップポジションで投球する選手が減ってきたかと思います。かつては多くのスーパースターがワインドアップポジションを取り入れてきましたが、1990年代より徐々にその数は減ってきているようです。

　さて、ワインドアップポジションは、セットポジションとともに、公認野球規則5.07（a）1項に正規の投球姿勢として規定されています。簡単に言うと「振りかぶってから投げる」方法です。この振りかぶる利点としては、心理的に落ち着く、相手に威圧感を与えるな

どの心理的要素や、肩肘への負担が少ないなどの医学的要素、そして力感を抜いて動作に移れるなどの技術的要素が挙げられています。

　一方、ワインドアップポジションは、捕手方向に正対した後に側方を向き、さらに捕手方向に向くので、セットポジションより動作が一つ多い投球方法です。その結果、動作の再現性が低くなること、習得に時間がかかる可能性があることから、コントロールが悪化しやすいことなどが指摘され、取り入れられなくなっているようです。また、ランナーがいるときといないときの両方に投げることができるセットポジションは、早く試合に出してあげられるという意味で先に覚える動作として有用だと

思います。ワインドアップポジションを先に覚える場合は、さらにセットポジションまで覚えないと試合に出ることができないからです。

しかし、野球医学ではワインドアップポジションの利点を踏まえて、必ずこの投げ方も教えるようにしています。ワインドアップポジションの利点の一つとして、投球のたびに体幹や肩甲胸郭関節、肩関節のストレッチができることが挙げられます。例えば、野茂英雄投手のワインドアップを見てみると体幹を大きく反らしていることに気づくと思います。また、肩甲骨も大きく動いていますね。ピッチング中の体幹内の動作についてはまだ医科学的にもあまり議論されていませんが、投球によって肩甲骨周囲筋が疲労することや筋バランスが悪化することは、研究で明らかとなってきています。また、著者の投手としての経験でも、投球を続けることによって体幹筋が疲労し、とくに「背を反らせる動作」がしにくくなることがありました。さらにストレッチの即時効果は5分から30分前後と言われているので、試合中にストレッチを追加で行う必要があると考えられます。このようなことから、投球のたびにワインドアップを用いたストレッチをすることは有効だと考えています。

もう一つの利点は、ワインドアップポジションはスポーツ科学で言う「反動動作」を利用できるため、力感を抑え気味に投球動作が行え、ボールリリースのときに大きな力を発揮できる方法であることです。「反動動作」とは、主動作に先行する反対方向への動きのことで、ジャンプをするときにちょっとしゃがみ込む動作のことを言います。ワインドアップポジションを使うことで、体幹や肩甲胸郭関節の可動範囲を大きくすることができ、投球中の体幹内や肩甲胸郭関節の反動動作の力感を小さく使えることで、より高いパフォーマンスを得ることができます。

この投球時の力感、とくに上肢の力感を小さくすることは、障害予防においても重要な因子となります。

このワインドアップポジションを指導するときに気をつけていただきたいのは、振りかぶったあとにグラブや投球腕をあまり体幹から離して動作しないようにさせることです。体幹からグラブや投球腕が離れれば離れるほど、回転運動の慣性モーメントが大きくなり、大きな力感を必要とするからです。また、振りかぶったあとに下ろしたグラブは、軸足側で「割れ」を行うように伝えています。左右方向の重心バランスを取るためです。

ワインドアップ→リリース

ステップ足が地面に接地するタイミング（下段左から3枚目）では、体幹はまだセカンド方向に少し傾斜し、投球腕は写真のような位置に来るといいでしょう。

ボールを持って投げ始める

　逆フェーズ法をシャドーピッチングで行って投球フォームの"動感"を習得できたら、やっとボールを持っての練習です。これもシャドーピッチングのときと同じように、ステップ1から始めます。それも、短い距離をほとんど力を入れないで投げてみましょう。

　フォームの感覚がシャドーピッチングと同じようになったら、少しずつ投球数を増やしていきましょう。このあいだは、力を込めて投げないようにしましょう。それで投げることのできる距離が、みなさんの現在の投球能力です。投球数を増やして、理想の投球動作に近づいたと判断したら、徐々に投げる距離を伸ばしていきましょう。小学生なら50球くらいゆるくキャッチボールできるようになれば、徐々に距離を伸ばすように指導しています。数だけが問題なのではなく、力の入れ具合も関係しますから。

　肘の尺側側副靱帯は、右ページの図のように肘を曲げると後方の靱帯が突っ張り、肘を伸ばすと前方の靱帯が突っ張ります。

　このため内側野球肘は、右図の右側のように肘を伸ばしたときに未熟な骨が欠けてしまうのです。

　投球動作で一番肘にストレスがかかるのはボールが加速し始めるときですから、肘をしっかり曲げてから投げることが大切なのです。

肘に最もストレスがかかるのはボールが加速し始めるとき

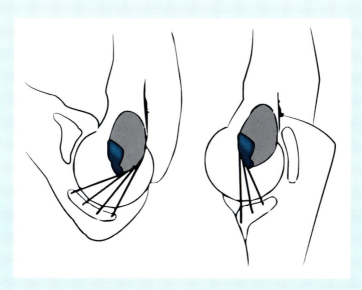

　ジュニアの肘内側障害で骨がかけるのは、水色で示すように上腕骨内側上顆のやや前方の部分になります。この部分に付着する靱帯が突っ張るのは、肘を伸ばし気味にしたときです（図上右）。逆に肘を曲げ気味にしたときは、上腕骨内側上顆のやや後方にストレスがかかります（図上左）。

　また、図下に示すように、コッキングフェーズからアクセラレーション（加速）フェーズに移行するときに（水色の時期）、肘の内側にかかるストレスが最も大きくなることがわかっています。

　つまり、このストレスが大きい時期に、肘が伸びていると肘へのストレスが大きい投げ方ということになります。

野球用語を考えよう

指導の中で当たり前のように使われている野球用語が、たくさんあります。「肘を上げろ」や「下半身を使って投げろ！」など、指導者のみなさんなら一度は使ったことがあるのではないでしょうか。でも、その言葉の意味を子どもたちが本当にわかっているかとなると、「？」が浮かびます。本文でも紹介したところがありますが、私が考える野球用語の本当の意味をまとめてみました。

≫ 肘を上げる
→肘を上げて、曲げて、力を抜き、反対側の腕を上げる

　よく耳にする言葉ですね。私は、これだけでは言葉が足りないと思っています。
「肘を上げて、曲げて、力を抜く」ことに加えて、「反対側の腕も上げる」。複数の言葉を含んだ野球用語ですね。ハイレベル野球選手には内旋位や中間位コックアップの選手もたくさんいますが、肩肘を故障する選手が多いので外旋位コックアップをお勧めしています。

≫ バランスよく投げる
→左右の重心バランスを取る

　「バランスよく投げろ！」と指導していませんか？　この「バランス」とはいったい何でしょうか？　とても抽象的な表現ですよね。
　野球医学では「ステイバックしたあと投げましょう」と教えます。スローモーションでのピッチング練習も、ぜひ取り入れてみてください。

≫ ボールを前で離す
→右下肢重心で肘を曲げる

　どうやったらボールを前で離すことができますか？　その説明ができなければ、子どもは混乱してしまうだけですね。
　逆フェーズ法でステイバックと投球腕の動作を習得すれば、自然に前で離れるようになります。

≫ 開きが早い
→体幹が先行し、腕が遅れて出てくる

　これもステイバックをとることで解決できることが多いと思います。

≫ 下半身で投げる
→ステイバックを試してみよう！

　これもよく聞く言葉ですね。「下半身で投げる」とはどういう意味でしょうか？
　この言葉の意味することは、下半身に乗っかっている質量の大きな体幹をどのような重心バランスにしたらよいか？ということを示しています。

選手も指導者も知っておきたいスポーツ医科学

第4章
**知っておきたい
技術と知識**

指導者

として物事を判断することを「意思決定」と言います。意思決定のためにはなるべく"確からしい情報"を集めることと、スピード感をもって判断することが大切だと言われています。ここでは、この書籍を読むだけというスピード感をもって、確からしい情報を得ることができるはずです。

投球障害リスクの
ペンタゴン

　「投げすぎで故障した」とは野球現場や報道でよく聞かれる言葉ですが、このような「繰り返す力学的ストレスでモノが破損する」ことは、材料工学という分野で「疲労」として多くの研究があります。「飛行機が金属疲労を起こした」などはその一例です。この「疲労」に影響する因子を金属疲労で説明すると、力が作用する回数、力の大きさ、力の作用する方向、実験条件、金属の種類や製品ごとの差の5つのことを考える必要があるのです。ヒトの骨などもこの「疲労」現象があてはまることが言われていますので、「投げすぎで故障した」を考えるときも、投球数（回数）、投球強度（力の大きさ）、投球動作（力の作用す方向）、コンディショニング（実験条件）、個体差（金属の種類や製品の差）を考慮して野球障害を予防することが望ましいのです。これを投球障害のリスクペンタゴン(the Pentagon for the risk of throwing injury)と呼んでいます（右ページ図）。

　投球障害のリスクペンタゴンは、5つの関係する因子を主観的に点数化し、5角形のグラフを書いてみる方法です。例えば、投球数の100点を200球とし、0点を50球と設定します。この設定は個々の選手によって変えても構いません。投球強度は、100点を全力投球とし、0点を塁間ワンバウンドの強度とします。投球動作は、改善の必要性が多々あると判断したときは100点、非常によいときは0点とします。コンディショニングは合宿などでへとへとのときは100点、十分な休養を得たときには0点とします。個体差は、第二次性徴のピークまでは100点とし、成長が終了してからだが十分にできたときを0点とします。あくまで主観的な考え方なのですが、以下のように使ってみてください。

　例えば、まだまだ投球動作の改善が必要な練習期では、投球の技術力習得のためには量質転化（多くの投球練習の中で技術力の自動化を目指す）が必要です。しかし、多くの投球数を投げることは確かに投球障害のリスクを上げる要素ですし、投球動作の技術も向上していないこともリスク要因です。さらに多くの投球練習を繰り返すこと

は、疲労などコンディショニングも不良になりやすいのです。急激に個体差（例えば体格など）は変わりませんので、ペンタゴンのうちの変更可能な要素は投球強度のみになります。そこで、このような場合は投球の強度を落としてあげることでリスクを減らすという考え方です。実際に多くの選手でこのような投球強度を落としてキャッチボールやピッチング練習をしていただいていますが、投球強度を落として理想とする投球動作を習得する練習をすることは、無駄な力感が抜けて投球動作の改善が得られやすいのです。「もっと力を抜け」とは以前から指導されてきた方法ですが、この考え方はパフォーマンス向上と障害予防を両立する大事な考え方となります。

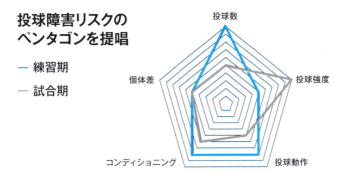

投球障害リスクのペンタゴンを提唱

— 練習期
— 試合期

項目	変化に要する期間	評価項目		
個体差	3カ月以上	成長フェーズ	既往歴	柔軟性・体格
投球動作	1カ月程度	投球フォーム	変化球	
コンディション	1週間程度	疲労	痛み	
投球強度	随時	投球強度	球種	
投球数	随時	投球数	投球間隔	

ペンタゴンの要素は、個体差のように変化に要する期間が3カ月以上かかるものから、投球数のように随時変化できるものまである。ペンタゴンの要素の重みづけを調整する際には、この変化に要する期間を考慮することが重要である。

体温と末梢神経の関係

　末梢神経の伝達速度は脳から信号が出たあと、1秒間に60m進むと言われていますが、体温が1度低くなるごとにこの速度が2m/秒下がると考えられているのです。

　つまり体温が低くなればなるほど、末梢神経への信号が届きづらい。寒いときに、指がかじかんで動かしにくくなるのは、このような理由があるのです。

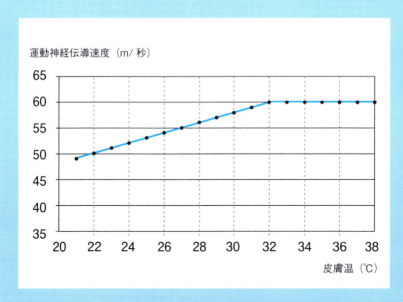

　体表面温度が32℃から1℃ずつ下がると、末梢神経伝導速度は2m/秒くらい遅くなることがわかっています。正常では1秒あたり60mくらい神経の情報は伝わっていきますが、体表面温度が10℃落ちると1秒で40mくらいしか神経は情報を伝えることができなくなります。だいたい2/3くらいのスピードになるわけで、寒い冬の日に思い通りのパフォーマンスが出ないのは当たり前のことなのです。

キーピングウォーム

「Keeping Warm」という言葉を聞いたことがありますか？

言葉のとおり、温かい状態を保ち続けることで、パフォーマンスを発揮しやすくなるという話です。キーピングウォームの重要性を知れば、ストレッチの重要性や、なぜ寒いときにからだが動かないかがわかってくると思います。

スポーツに関わる人には、ぜひ知っておいてほしい知識ですので、これを機会に覚えておきましょう。

寒いときほどからだを温める

プロ野球を見ていると、夏場に強い選手が数多くいます。よく「夏男」と言われますが、夏になると気温が上がることで体温も上がりますよね。それによって、末梢神経伝達速度が増し、からだを動かしやすい状態になっているのです。

肌寒い春先にしっかりとアップをすれば、春から活躍できるのです。イチロー選手は春から調子がいいことが多いですが、どんなときでも入念にストレッチをして、キーピングウォームを実践しているからと考えることができるのです。

冬場にお勧めのピッチング練習

　ボールを投げる感覚を忘れないために、冬場にもピッチング練習をするチームがあると思います。しかし、寒い季節ではピッチング練習だけでは体温を高く維持できるほどの運動量ではありません。このため寒い時期に、全力で投げるのは故障のリスクが高くなってしまいます。

　そこでお勧めの練習法が「サーキットピッチング練習」です。どのようなプログラムを選ぶかは、基本的な知識を選手に与え、選手自身が決めることも"やる気"を出すためには効果的です。

　大事なのは、常にからだを温めた状態で投げることです。保温状態を続けることで、故障のリスクを下げることができます。

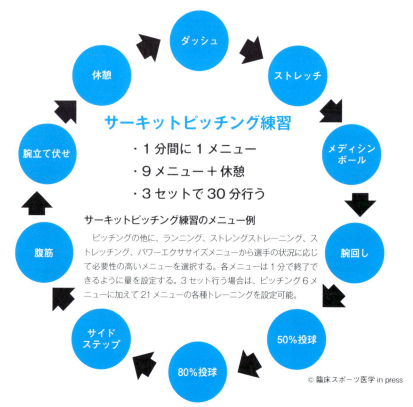

サーキットピッチング練習
・1分間に1メニュー
・9メニュー＋休憩
・3セットで30分行う

サーキットピッチング練習のメニュー例
　ピッチングの他に、ランニング、ストレングストレーニング、ストレッチング、パワーエクササイズメニューから選手の状況に応じて必要性の高いメニューを選択する。各メニューは1分で終了できるように量を設定する。3セット行う場合は、ピッチング6メニューに加えて21メニューの各種トレーニングを設定可能。

© 臨床スポーツ医学 in press

試合中も体温を保つ

どのチームも試合前に、ウォーミングアップをしていますね。せっかく、温めたからですが、試合中はプレー時間が短いために体温が下がり、パフォーマンスに影響する可能性があるのです。

試合中、ベンチのなかでも常にからだを動かして、体が冷えないようにしておきましょう。夏場はそこまでする必要はありませんが、春や秋、またジュニアの場合は冬に試合をすることもあると思います。体温を下げないことに気を配っておくといいでしょう。

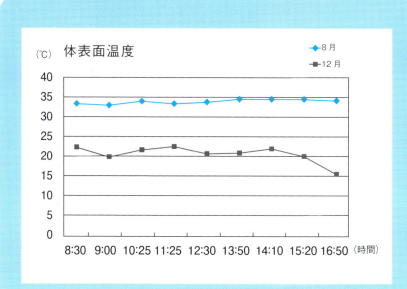

© 臨床スポーツ医学 in press

8月（温暖期）と12月（寒冷期）の手関節皮膚温の日内変動
8月と12月で皮膚温には大きな差がある。12月はウォーミングアップ前（8：30）に比べ、通常練習中にも皮膚温の上昇は認められない。

一次救命処置

　野球のグラウンドにおいて、選手や指導者、保護者が一次救命処置を行わなければならない状況があります。

　2014年6月19日。山形市立商業高校野球部2年生の選手が、練習中にグラウンドで倒れ、亡くなりました。この現場には医療関係者がいなかったようで、指導者と選手で一次救命処置を行ったが、亡くなられたと報道されています。

　一次救命処置とは、呼吸が止まり、心臓も動いていないと見られる人の救命のチャンスを維持するため、特殊な器具や医薬品を用いずに行う救命処置です。胸骨圧迫と人工呼吸からなる心肺蘇生法であり、AED（自動体外式除細動器）の使用を主な内容とします。

　心停止が生じた場合、停止から1分経過するにつれ、心拍再開率は7〜8％ずつ低下することが報告されています。一方、一次救命処置を行うことで、生存率は向上します。救急車の平均到着時間は6分であり、現場にいる方の対応力で生存率は大きく影響受けます。

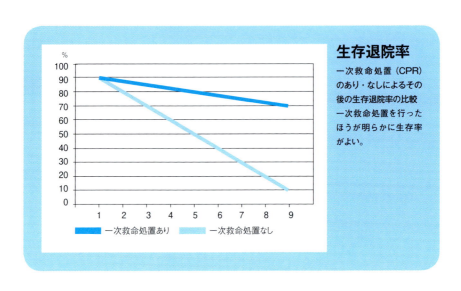

生存退院率
一次救命処置（CPR）のあり・なしによるその後の生存退院率の比較
一次救命処置を行ったほうが明らかに生存率がよい。

POINT

①心拍再開率は心停止から1分につき7〜8%ずつ低下する
②救急車の平均到着時間は6分
　一次救命処置が生存率に大きく影響する

　このような状況はすべての野球現場で起こりうること。チームごと、学校ごと、連盟ごとに対策を講じておく必要があります。現在そのような対策を講じていない場合は、すぐに下記対応を検討すべきです。
①指導者・選手・保護者を対象とした「一次救命処置講習」を毎年行う

　最近は、多くの学校や企業などで「一次救命処置講習」が行われるようになったため、指導者はこの講習を受けた方が多くなりました。しかしながら、実際に選手や指導者が倒れて処置を行った経験はないことが多く、一人より複数の講習経験者とともに対処できる体制づくりが望まれます。

　このため、「一次救命処置講習会」をチームごとに開催し、指導者だけでなく選手とその保護者も習得することが必要でしょう。

　一次救命処置講習会は、地域の消防本部、日本赤十字社などに問い合わせるとよいと思います。
②AEDの準備または位置確認の仕組み作り

　一次救命処置の救命率を上げるためには、AEDの利用が欠かせません。最もよいのはチームに一つAEDを準備すること。購入とレンタルがありますが、チームで保持することが難しい場合は、学校やグラウンドに設置しているAEDの位置を確認しておく必要があります。

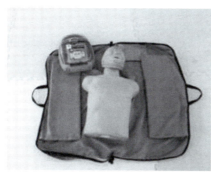
AEDのトレーニングをするためのキット。

選手も一次救命処置講習を受講する。

熱中症対策

　熱中症とは、暑熱環境で発生する障害の総称で、「気分が悪い」「ボーっとする」「意識障害がある」「反応が鈍い」などの症状があります。

　スポーツ中の熱中症は、適切な予防さえすれば防げます。しかし、予防に関する知識が普及していないため、熱中症による死亡事故が毎年発生しています。とくにこの数年は猛暑の夏が続き、熱中症の危険性も高くなっています。

　まず知っておくべきなのは、「応答が鈍い」「意識がない」「行動がおかしい」などの脳の異常を疑ったら、救急車を呼ぶことです。迷ったときは呼ぶべき。対応が遅いと死亡する可能性があります。救急車が到達するまでは涼しい場所に移し、衣服をゆるめて寝かせます。意識があればスポーツドリンクなどで水分と塩分の補給を行い、氷などを多く用いて全身を冷却します。

　野球の試合で最も頻度が高い熱中症の症状は、下肢の筋痙攣です。とくに投手に多く、投球パフォーマンスが低下するため、熱中症を予防することは勝利への近道でもあります。

　熱中症は早期発見することによって大事には至りません。指導者が練習の最初に選手の体調チェックをするとともに、体調不良を早期に報告するように選手に伝えることが大事です。こういう報告をしづらいチームは、重症化しやすい傾向にあります。

　熱中症を予防する方法としては、練習内容・練習時間や、休憩・飲水・冷却などを工夫すること、睡眠時間を確保すること、食事をしっかりとることが挙げられます。夏の暑さに耐える身体づくりを目的とする練習は控え、技術や戦術の習得を中心にすることは熱中症予防にもつながります。また、暑い時期の飲水の目安については、練習開始前に250〜500ミリリットルの水分補給を行い、練習中も15〜20分に1回200〜250ミリリットルの水分補給と冷却を推奨します。試合の際は、ベンチに戻るたびにアンダーシャツを着替え、そのときに扇風機や冷却したタオルなどでからだを冷却するとよいでしょう。

POINT

① 練習前および練習中は 15～20 分に 1 度、コップ 1 杯程度の水分を補給する
② 試合の際はイニング間に冷やしたタオルなどでからだを冷却するとよい
③ 対応が遅れると死にいたる危険性があるため、脳の異常を疑ったときは救急車を呼ぶ

CHECK! 熱中症になってしまったら

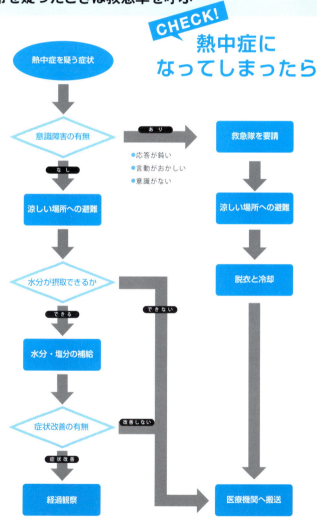

トレーニングの知識

第4章
知っておきたい技術と知識

冬場に入ると、トレーニングに時間をあてるチームが多いと思います。
　ジュニアにはどのようなトレーニングが適しているのか。ジュニアのからだの状態を頭に入れながら、メニューを組むのが理想ですね。「トレーニングの7法則」という話を聞いたことがありますか？
　トレーニングを行う上で大切にしてほしい、7つの法則を紹介します。

トレーニングの7法則

1 等負荷の法則

からだの強いおとなであれば、「過負荷」の法則になりますが、ジュニアは「等負荷」のほうがいいでしょう。強度が弱いジュニアは、障害の危険性があるためです。

おとなが過負荷にする理由は、人間には適応能力があるために、いつも同じ負荷のトレーニングを続けていると、からだが適応してしまい効果が薄くなってしまうからです。

2 漸進性（ぜんしんせい）の法則

トレーニングの質と量は、少しずつ増加させていくという法則です。トレーニングは個人の能力に対して低すぎては効果は上がりませんし、高すぎては障害を起こすこともあります。

負荷を高くする場合、一度に上げるのではなく少しずつ負荷を高くしていくようにしましょう。急激な負荷の増大はトレーニング効果を減少させたり、ケガの原因となることがあるため注意が必要です。

3 全面性の法則

トレーニングはバランスよく行うという法則です。「体力」と一言でいっても筋力、持久力、瞬発力、敏捷性、平行性、柔軟性といったようにいろんな要素が考えられます。これらの要素を偏りなくトレーニングしていくことが必要です。食べ物を食べるときに、どんなにいい食材でもそればかり食べていると病気になってしまいます。「バランスよく食べよう」と同じように、「バランスよく鍛えよう」がいいトレーニングなのです。

4 反復性の法則

トレーニングは、1回で効果が得られるという即効性のものではありません。効果は適度な間隔で反復、継続することによって得られるものです。「継続は力なり」という言葉どおり、少ない頻度でも長期間続けて取り組みましょう。

5 個別性の法則

トレーニングの効果を最大限に引き出すためには、個人個人にあったトレーニング内容を考慮する必要があるという法則です。

トレーニングはしばしば集団で行われることがありますが、その中でも個人の能力や性別、体力、目的などさまざまな要素を考慮して、プログラムを提供する必要があります。

6 意識性の法則

トレーニングや練習を行う選手自身が、「なぜトレーニングをするのか」「どの筋肉を使ってトレーニングしているのか」といった目的や目標意識を持って実践することが必要です。

視覚的に「この筋肉」と見ながらトレーニングを行う、また実際にさわって刺激を与えた上でトレーニングを行うと、より効果的であると言われています。

7 特異性の法則

短距離ランナーの選手が持久走の練習を繰り返し行っていても、その競技のパフォーマンスに結びつかないように、目的によってトレーニングの内容は変わります。その競技の種目特異性にあったトレーニングを行う必要があるという法則です。

体幹トレーニング

「体幹」という言葉を当たりまえのように聞く時代になりました。野球選手に必要な体幹のトレーニングは、体幹のひねりを伴う動きになります。それも、体幹の柔軟性が必要です。

この体幹トレーニング＋ストレッチに有用なのが、かつて流行ったデューク更家さんのウォーキング。両手を頭の上で合わせ、左足を出しながら体幹を左にひねり、右足を出しながら、今度は体幹を右にひねるウォーキング法です。

トレーニングの基本原則である"漸進性"は、徐々にトレーニングレベルを上げていきましょうというものですが、このウォーキング法はまさに軽い負荷から徐々に負荷を上げることができる点でも、ジュニアのトレーニングに有用ですね。

お父さん、お母さんも一緒にチャレンジしてみましょう！

第4章
知っておきたい技術と知識

知っておきたい障害

野球肘・野球肩・野球腰以外にも、野球にかかわる障害があります。これを機会に、ぜひ頭に入れておいてください。

ヘッドスライディングによる障害

　ヘッドスライディングによる肩関節の脱臼、指の骨折・脱臼で来院する例が多く見られます。とくに危険なのが、打ったあとにスピードが乗ったうえで行う一塁へのヘッドスライディングです。「セーフになりたい！」という気持ちはわかりますが…。

　こんな研究発表があります。大阪体育大教授の淵本隆文先生（当時）が1995年の日本体育学会で、「一塁ベースへのヘッドスライディングに関する動作学的分析」と題する研究を発表しました。

　打席から一塁到達までの速さについて、大学の硬式野球部員8人を被験者にし、(1)走り抜けた場合、(2)何も条件をつけずヘッドスライディングした場合、(3)ベースタッチ前のスライディング距離をできるだけ短くし、ベースのやや右にヘッドスライディングする。

　以上の3通りでタイムをはかったところ、平均値として、(2)のヘッドスライディングより、(1)の駆け抜けたほうが速く、それよりも(3)のようにヘッドスライディングしたほうが速かったという結果が出たのです。

　淵本先生は「滑り込むのが早すぎると地面を滑っている間に急速に減速してしまうが、直前に滑れば低い体勢をとるぶん減速はしても体の長さだけ早く届く」と解説しています。ただし、(3)の方法は、「練習なしですぐにできるプレーではないし、今までとくに勧めてこなかった」とも語っているのです。

　私も同じような考えを持っていて、(3)の方法はケガのリスクが高いのではないでしょうか。少なくともジュニアの時期はヘッドスライディングを禁止にしたほうがいいと思っています。

頭部外傷

　練習中や試合中に頭部や頭部以外の外傷で発症し、一時的な脳機能の障害を起こすことを「脳震盪(のうしんとう)」と言います。外傷後に、意識消失、ぼんやり、嘔吐、不適切なプレー、ふらつき、反応が遅い、感情の変化などがあった場合は、すぐに救急車を呼びましょう。

　復帰のプロセスは、日本ラグビーフットボール協会の規定が参考になりますが、医師が診療していても1週間は復帰できないことを知っておく必要があります。絶対に無理はさせないでください。

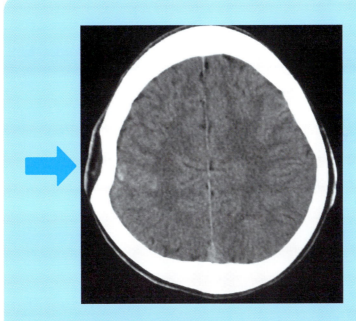

上は、頭にボールがあたって陥没骨折した例です。矢印のところの骨が凹んでいるのがわかります。特にフリーバッティングのようにいろいろな方向から速い打球が飛んで来るような場合は、ヘルメットをかぶるなど安全対策をしっかりしましょう。

心臓震盪

　心臓震盪とは、胸に衝撃が加わったなどの理由で致死性の不整脈が生じて心停止し、一次救命処置（P174参照）を施さなければ死亡する疾患です。その原因で最も多いのが、「野球」です。

　現在、救急車の到着の平均時間は約6分ですが、心臓振盪が発症して6分が経つと約半数が死亡する可能性があります。

　グラウンドで、ボールやバットが胸に当たって選手が倒れた場合、痛くてうずくまっていることもありますが、心臓震盪のために心停止している可能性もあります。ですから、選手の胸にボールなどが当たって倒れた場合は、すぐに選手に駆け寄りましょう。

　駆けつけたら声掛けをして、反応もなく呼吸もなければ一次救命処置を開始します。

　心臓震盪の予防には、「ボールを胸で止める」という日本野球の指導法を変える必要性があります。バックハンドキャッチは有効な捕球法ですから、しっかり練習して使いましょう！

POINT

① 胸に衝撃が加わると、致死性の不整脈が生じ、心臓が停止することがある
② 選手の胸にボールなどが当たって倒れたとき、反応や呼吸がなければ一次救命処置を開始する
③ 予防するには「ボールを胸で止める」という指導を変える必要がある

バックハンドキャッチは、心臓振盪の予防にも捕球にも有効な技術です。しっかり練習しましょう！

野球うつの診断と治療

不登校の原因

　野球外来には、学校にいけなくなったという子どもも来院されます。このような不登校の原因を調べてみると、野球がその原因になっていることがあります。野球外来で経験した不登校の例をご紹介しますので、みなさんで対策を考えてみましょう。

ケース1

小学校高学年男子。早生まれでチームの中でももともと身体が小さく、食事も多くは摂れない傾向にあった。野球が好きで地域の野球クラブに入ったが、週末の1日練習になかなかついていけなかった。とくに昼食時に2リットル弁当を食べないと午後の練習に参加できないというルールがあり、みんなより遅れて練習に参加することや、午後の練習中に食べたものを吐いてしまうことがあった。そのうち週末になると体調が悪くなり、練習も休みがちになった。友達とも目を合わさなくなり、とうとう学校にも行けなくなった。紹介で精神科受診。

ケース2

小学生男子。野球チームに所属していたが、指導者に怒鳴り散らされて元気がなくなってきた。そのうち野球チームにも行かなくなり、朝になると腹痛を訴えるようになり学校も休みがちに。紹介で野球外来受診。

　いずれも、おとなの配慮が足りない事例と考えられます。このような"厳しい"指導は、昭和の時代は普通であったかもしれないが、平成の時代ではおとなの社会でも"ハラスメント"として否定されるようになりました。小学生の野球はもともと近所の子どもたちが集まって、自分たちでいろいろルールを作りながらやっていた"あそび"でした。しかし、いまの子どもたちの野球の一部は、結果を求められるおとなの厳しい社会のやり方そのものではないでしょうか？野球外来に来る不登校の子どもたちを、二度と作ってはいけません。

ノロウイルス腸炎

ノロウイルス腸炎は、潜伏期間(感染から発症までの時間)は24〜48時間で、主な症状は吐き気、おう吐、下痢、腹痛であり、発熱は軽度です。通常、これらの症状が1〜2日続いた後、治癒し、後遺症もありません。また、感染しても発症しない場合や軽い風邪のような症状の場合もあります。

しかし、その感染力の強さからあっという間にチーム内に広がってしまいます。特に寮を持っているチームではなおさらですから、選手や指導者は対処法を知ってくことが必要です。

おう吐、下痢、腹痛などの症状を訴える選手がでたら、まずは病院やクリニックに電話で相談してください。病院には病気や加齢のため抵抗力が弱っている方が多数います。そういう方にノロウイルスなどを感染させないように、病院ではいくつかの取り組みを行っているからです。

もしノロウイルス腸炎の選手が1名でも出れば、しっかりした感染対策をとらないとチーム中に広がってしまいます。手洗い・うがいを頻回に行う、トイレを感染者と非感染者に分ける、トイレ使用後は次亜塩素酸系の消毒液を噴霧する、感染者は最後にシャワーを浴びることなどが必要です。

ノロウイルスは、最長1ヵ月程度ウイルスが死滅せず、おう吐などが乾燥したあとウイルスが舞い上がることが知られています。また、アルコールでは死滅しないため、吐物を掃除した後に十分に次亜塩素酸系消毒液を噴霧しておく必要があります。

POINT
おう吐、下痢、腹痛などの症状を訴える選手がでたら、病院に電話で相談する

ノロウイルスは、一般的なアルコールでは消毒できません。次亜塩素酸の含まれた消毒液で便器や手が触る可能性のあるところを消毒する必要があります。

ジュニアの時期の野球障害は、比較的早期に痛みが消えて野球に復帰できることが多いのですが、それはおとなまで続く野球障害の始まりの可能性が高いことがわかってきました。医・科学的にはまだまだ解明していかなければならないことも多いのですが、その結果を待っていると今の野球選手たちを救うことはできなくなってしまいます。

　そこで、この本には私の野球経験と野球医学専門家経験、そして一人ひとりの選手と向き合う中で出てきた考え方を記載してきました。将来的な医・科学の進歩によって、正しくないことや、選手によっては違う考え方のほうがいいことが今後出てくることとは思いますが、現時点の情報や経験で「なんとかジュニア野球選手が野球障害なく育ってほしい」という思いが含まれています。

　ところどころ難しい内容が含まれていますが、ジュニア野球選手と指導者、保護者のみなさまに一緒に読んでいただき、自分たちの練習方法や試合方法の改善のきっかけとなって頂ければ幸いです。

　最後にこれまで、私の野球人生を支援してくださった学校関係者のみなさま、東原ソフトボールチーム、大分市立明野中学校軟式野球部、大分県立大分舞鶴高等学校硬式野球部、琉球大学準硬式野球部、筑波大学硬式野球部、筑波大学の関係者の皆様、出版のサポートをしていただいたベースボール・マガジン社の木村康之様、ライトハウスの佐久間一彦様、黄川田洋志様、井上菜奈美様、石黒悠紀様、カメラマンの桜井斎様、写真の撮影にご協力いただいた高橋尚成さんと世田谷SKバッグスの皆様、、そして家族に深謝いたします。

著者 馬見塚尚孝（まみづか・なおたか）

トミー・ジョンをはじめとする野球障害の手術を日々行うとともに、高分解能MRI診断研究、コーチング学、スポーツ工学など幅広い分野の研究景観を有する。治療にかかわった選手が、2017年は4名、2018年は2名NPBに入団。「野球医学の教科書」「高校球児なら知っておきたい野球医学」（いずれも小社刊）を執筆。トミー・ジョン手術について詳細に記録したドキュメント「豪腕 使い捨てされる15億ドルの商品」を編集。ベースボールクリニック誌にて「野球医学への招待」を連載中。日本スポーツ協会スポーツドクター。元筑波大学硬式野球部部長。

取材協力＝世田谷SKバッグス

新版「野球医学」の教科書

2019年1月31日　第1版第1刷発行

著　者	馬見塚尚孝
発行人	池田哲雄
発行所	株式会社ベースボール・マガジン社
	〒103-8482 東京都中央区日本橋浜町2-61-9TIE浜町ビル
	電話　03-5643-3930（販売部）
	03-5643-3885（出版部）
	振替　00180-6-46620
	http://www.bbm-japan.com/
印刷・製本	共同印刷株式会社

©Naotaka Mamizuka 2019
Printed in Japan
ISBN978-4-583-11201-5 C2075

＊定価はカバーに表示してあります。
＊本書の文章、写真、図版の無断転載を禁じます。
＊本書を無断で複製する行為（コピー、スキャン、デジタルデータ化など）は、私的使用のための複製など著作権法上の限られた例外を除き、禁じられています。業務上使用する目的で上記行為を行うことは、使用範囲が内部に限られる場合であっても私的使用には該当せず、違法です。また、私的使用に該当する場合であっても、代行業者等の第三者に依頼して上記行為を行うことは違法となります。
＊落丁・乱丁が万一ございましたら、お取り替えいたします。